アルゴリズムと
データ構造 第3版

平田 富夫 著

森北出版株式会社

●本書のサポート情報を当社Webサイトに掲載する場合があります．下記のURLにアクセスし，サポートの案内をご覧ください．

https://www.morikita.co.jp/support/

●本書の内容に関するご質問は，森北出版 出版部「(書名を明記)」係宛に書面にて，もしくは下記のe-mailアドレスまでお願いします．なお，電話でのご質問には応じかねますので，あらかじめご了承ください．

editor@morikita.co.jp

●本書により得られた情報の使用から生じるいかなる損害についても，当社および本書の著者は責任を負わないものとします．

■本書に記載している製品名，商標および登録商標は，各権利者に帰属します．

■本書を無断で複写複製（電子化を含む）することは，著作権法上での例外を除き，禁じられています．複写される場合は，そのつど事前に(一社)出版者著作権管理機構（電話03-5244-5088, FAX03-5244-5089, e-mail:info@jcopy.or.jp）の許諾を得てください．また本書を代行業者等の第三者に依頼してスキャンやデジタル化することは，たとえ個人や家庭内での利用であっても一切認められておりません．

まえがき

　本書はアルゴリズムと基本データ構造について学ぶためのテキストとして書かれたものである．初版では Pascal 言語を用いてアルゴリズムを記述していたが，その後，C 言語に書き直した改訂 C 言語版を上梓した．それからすでに 14 年が過ぎたが，その間，多くの学生・技術者の方々に受け入れられ読まれたことは著者の望外の喜びである．自分でも大学学部の講義で教科書として使っていて，説明不足の箇所や C プログラムの稚拙さなどに気が付いていたが，最近になって森北出版より新たな改訂版（第 3 版）のお誘いを受け，それに応えることにした．

　本書はアルゴリズムとその基本概念に関して，大学初年級もしくは高専で学習すべき内容を十分に含んでいると考えている．そのため，内容的には大きな変更は必要なしと判断し，以下のような改訂をした．

　いくつかの章で，内容の理解を助けるために図を加えた．これは，初めてアルゴリズムの学習をする読者にとっては，厳密な記述よりも概念的・直観的な理解を優先するのがよいと考えているためである．

　C プログラムは標準的な書法に従い記述した．また，できるだけコメントを入れるよう心掛けた．旧版の C プログラムは長さを短くするために（正しく動作するものの）通常の書法に従わない箇所もあった．また，Pascal 言語からの書き換えに伴う不自然さも散見された．第 3 版ではすべてのプログラムを書き直している．

　グラフアルゴリズム（第 7 章）では，記述を簡潔にするためにプログラムの一部に数学記法や自然言語を使っていたが，第 3 版ではすべて C プログラムを与えることにした．本文の説明のみでもアルゴリズムの原理を理解できるように記述してあるので，プログラムに慣れていない読者でも不便はないと思う．むしろ，C プログラムを読むことでアルゴリズムの細部がどのようにプログラムとして実現されるかを知ることができる．

　その他，計算時間に言及する箇所では最近の PC による実測値を用いた．また，演習問題と解答を増やしている．

　旧版を教科書として使用してくださった先生方から，多くの有用なコメントをいただいた．第 3 版ではそれらを反映させていただいた．ここに記して感謝申し上げる．

2016 年 2 月

著　者

目　次

第 1 章　アルゴリズムの基礎概念　　1
1.1　計算のモデル　…………………………………… 1
1.2　計算量　…………………………………………… 3
1.3　再帰的アルゴリズム　…………………………… 7
1.4　グラフと木　……………………………………… 11
演習問題 1　……………………………………………… 13

第 2 章　基本データ構造とその実現　　15
2.1　リスト　…………………………………………… 15
2.2　スタック　………………………………………… 19
2.3　キュー　…………………………………………… 20
2.4　ヒープ　…………………………………………… 22
演習問題 2　……………………………………………… 26

第 3 章　ソーティング　　28
3.1　バケットソート　………………………………… 28
3.2　素朴なアルゴリズム　…………………………… 30
3.3　マージソート　…………………………………… 34
3.4　クイックソート　………………………………… 38
3.5　ヒープソート　…………………………………… 42
演習問題 3　……………………………………………… 45

第 4 章　探索のためのデータ構造　　48
4.1　2 分探索　………………………………………… 48
4.2　2 分探索木　……………………………………… 49
4.3　平衡 2 分探索木　………………………………… 56
　　4.3.1　2 色木の実装　　61
　　4.3.2　$\text{delete}(x)$ の概略　　64

4.4 最適2分探索木 ･･ 66
4.5 ハッシング ･･ 71
演習問題 4 ･･ 75

第5章 ストリングマッチング　78

5.1 素朴なアルゴリズム ･･････････････････････････････････ 78
5.2 クヌース・モーリス・プラットのアルゴリズム ････････ 80
5.3 ボイヤー・ムーアのアルゴリズム ･･････････････････････ 84
演習問題 5 ･･ 91

第6章 高速フーリエ変換 (FFT)　93

6.1 離散フーリエ変換 ････････････････････････････････････ 93
6.2 高速フーリエ変換のアルゴリズム ･････････････････････ 95
演習問題 6 ･･ 99

第7章 グラフとネットワークのアルゴリズム　101

7.1 グラフと根付き木の表現 ･････････････････････････････ 101
7.2 グラフの探索 ･･ 103
　7.2.1 深さ優先の探索　103
　7.2.2 幅優先の探索　106
7.3 2連結成分への分解 ･･････････････････････････････････ 107
7.4 最小スパニング木 ････････････････････････････････････ 113
　7.4.1 UNION-FIND 問題　115
7.5 最短路 ･･ 120
　7.5.1 ダイクストラのアルゴリズム　120
　7.5.2 ワーシャル・フロイドのアルゴリズム　123
7.6 最大フロー ･･ 125
7.7 2部グラフのマッチング ･･････････････････････････････ 131
演習問題 7 ･･ 133

第8章 アルゴリズム設計の基本的技法　135

8.1 分割統治法 ･･ 135

8.2 動的計画法 ………………………………………………… 138
8.3 グリーディ法 ……………………………………………… 140
8.4 分枝限定法 ………………………………………………… 141
8.5 局所探索法と発見的アルゴリズム ……………………… 144
演習問題 8 ……………………………………………………… 148

演習問題解答 ……………………………………………………… 150

参考文献 …………………………………………………………… 175

索　引 ……………………………………………………………… 177

本書のプログラムのサンプルコードは下記 URL より入手できます．
　　森北出版　http://www.morikita.co.jp/books/mid/072653

第 1 章
アルゴリズムの基礎概念

この章では，アルゴリズムの基礎概念と次章以降で必要になる基本的事項について解説する．

1.1 計算のモデル

計算機で問題を解くとき，その問題を解くための手順をプログラムとして計算機に与えなければならない．このような機械的に実行可能な手順のことを**アルゴリズム** (algorithm) という．一般に，一つの問題に対していくつかのアルゴリズムが考えられる．そこで，できるだけよい（できれば最適な）アルゴリズムが望まれるわけであるが，本書では，アルゴリズムのよさの尺度として，そのアルゴリズムに基づいて計算を実行した場合の計算時間，または，使用した記憶領域の量を用いる．いずれの場合も，それらの値が小さい程よい（効率的な）アルゴリズムである．

[例 1.1] 多項式 $p(x) = a_n x^n + a_{n-1} x^{n-1} + \cdots + a_1 x + a_0$ の，$x = x_0$ における値を求める問題を考えてみよう．入力として $n, a_n, a_{n-1}, \ldots, a_0, x_0$ が与えられたとき，この式のとおりに計算を進めるアルゴリズム（すなわち，$a_n x^n$ を計算するのに n 回の乗算をし，$a_{n-1} x^{n-1}$ を計算するのに $n-1$ 回の乗算をするというふうに計算をすすめるアルゴリズム）では，$(n^2 + 3n)/2$ 回の基本演算（乗算と加算）を必要とする．ところが，つぎの式に従って計算をすると，$2n$ 回の基本演算ですむ．

$$p(x) = (\cdots((a_n x + a_{n-1})x + a_{n-2})x + \cdots + a_1)x + a_0$$

よって，この方法は，先の自明なアルゴリズムに比べて，時間効率のよいアルゴリズムであるといえる．なお，これは**ホーナーの方法** (Horner's rule) とよばれる． ∎

例題 1.1 ホーナーの方法のプログラムを書け．

●**解**● プログラムはコード 1.1 のようになる．ここでは，多項式の係数 $a_0, a_1, \ldots, a_n$ は配列 $a[0..n]$[†1] に入っているものとしている． ∎

[†1] 配列要素 $a[0], \ldots, a[n]$ をこのように表記する．

```
float polynomial(float a[], float x, int n)
{
    int i;
    float p;

    p = a[n];
    for  (i = 1; i <= n; i++) {
       p = p * x + a[n-i];
    }
    return p;
}
```

コード1.1　ホーナーの方法

　アルゴリズムの評価尺度としては，ここで取り上げる計算時間と使用記憶領域のほかにもいろいろ考えられる．たとえば，アルゴリズムの解釈の容易さ，プログラム化したときの簡潔さまたはプログラムの長さ，等々である．しかし，いずれもいまのところ客観的な評価尺度としては定着していない．

　さて，アルゴリズムのよさを厳密に議論するには，まず，**計算のモデル**（計算機構のモデル）を決めなければならない．そのモデルの上で計算を実行したときの計算時間と使用した記憶領域がアルゴリズムの評価尺度になる．本書では，ランダムアクセス記憶をもつ普通の逐次実行型の計算機（いわゆるノイマン型の計算機）を計算のモデルとする．ただし，これらの評価尺度に関して個々の計算機に依存しない一般性のある結果を得るために，1語の大きさが何ビットであるとか，基本クロックが何GHzであるとかいうような個別的なものは一切考慮しない．すなわち，レジスタとメモリの1語は任意に大きい数を格納でき，各命令は単位時間で実行されるものとする．このような計算モデルはRAM (random access machine) とよばれる．

　アルゴリズムの記述にはプログラミング言語Cを用いる．C言語で記述されたプログラムを機械語に翻訳し，それを計算モデルの上で実行したときの，実行される機械語の命令数がそのアルゴリズムの実行時間であり，その機械語プログラムが実行時に使用する記憶領域がそのアルゴリズムの使用記憶領域となる．ただし，命令のステップ数や使用記憶領域をすべて厳密に数えることはせず，たいていは特定の演算や変数に着目してそれを数えることで十分にアルゴリズムの評価を行うことができる．アルゴリズムの記述を明快にするために，必要に応じて自然言語による記述や数学の記法なども取り入れるが，それらは容易にCの言葉に置き換えることができる．

　本書で取り扱う問題に対しては，ここで採用した計算のモデルは妥当なモデルである．しかし，その他の問題に対しては都合が悪くなる場合もある．たとえば，本書の計算モデルではレジスタの大きさを制限していないため，一つのレジスタに1個のn次

元ベクトルを適当に格納し，1回の演算で二つのベクトルの和を計算することができる．これでは，n が現実の計算機の 1 語の長さに比べて非常に大きいときには実際の計算時間を反映しない．このように，問題によって，実際の計算時間や使用記憶領域を正確に反映するような適切な計算のモデルを選ぶことが重要である．

どの命令も単位時間で実行できると仮定する評価基準を**一様コスト基準**という．これに対し，データの転送命令やデータ間の演算命令のように，データを取り扱う命令の実行時間は，扱うデータの 2 進表示の長さ（bit 数）に比例するとする評価基準を**対数コスト基準**という．対数コスト基準は，一つの命令で取り扱うデータが実際の計算機の 1 語の大きさに比べて非常に大きいときに採用される．本書では，一様コスト基準のみを用いている．

1.2 計算量

アルゴリズムに従って計算を実行したときの計算時間をそのアルゴリズムの**時間計算量** (time complexity) とよび，使用した記憶領域の量をそのアルゴリズムの**領域計算量** (space complexity) とよぶ．実際の計算では領域計算量に比べ時間計算量のほうが重要になることが多いので，本書では，単に効率のよいアルゴリズムといえば時間計算量の小さいアルゴリズムを指すことにする．以下では時間計算量について述べるが，領域計算量についても同様である．

アルゴリズムは，入力が与えられると，その入力に対する答えを計算して出力する．我々が計算量として関心があるのは，個々の入力（**問題例**，problem instance）に対してどれだけの計算時間が必要になるかということではなく，入力の規模が大きくなるのに従って計算時間がどのような割合で増加するのかということである．そのために，まず，アルゴリズムの個々の入力に対し，その大きさを表す整数 n（入力の**サイズ**という）を対応させる．たとえば，n 個の整数を入力とし，これらを数値の大きい順に並べ替えて出力するという問題（ソーティング，第 3 章）では，入力のサイズは n である．グラフ（いくつかの頂点とそれらを結ぶ辺からなる図形）を入力とする問題では，頂点の個数または辺の本数が入力のサイズとなる．また，$n \times n$ 行列を入力とする問題では，n が入力のサイズとされる．一般に，同じ n の値に対し，サイズが n の入力は多数あるが，それらの入力に対する実行時間の最大値をサイズ n の入力に対するアルゴリズムの計算時間とする．このようにして，アルゴリズムの計算時間を入力のサイズ n の関数 $f(n)$ として表し，この $f(n)$ をアルゴリズムの計算量とよぶ．

このように定義した計算量をとくに，**最大計算量**または**最悪計算量** (worst case complexity) とよぶ．これに対し，入力にある分布を仮定したときの実行時間の期待

値を**平均計算量** (average case complexity) とよぶ．これら二つの計算量および計算量が最小である最良計算量の関係を図 1.1 に示す．実用上の観点からは，平均計算量のほうが重要なことも多いが，ごく特殊な場合を除き入力の分布として妥当なものを得にくいのと，現実的な分布を仮定すると計算量の理論的な解析が困難になるという理由で，我々は最悪計算量に重点をおく．以下では，とくにことわらない限り，計算量といえば最悪計算量のことをいう．

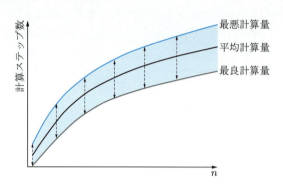

図 1.1　**最悪計算量と平均計算量**（最良計算量はめったに使わない）

入力のサイズ n を大きくしていったときの計算量 $f(n)$ のふるまいを**漸近的計算量** (asymptotic complexity) といい，一般に，アルゴリズムのよさを論ずるときには，この漸近的計算量が用いられる．したがって，関数としての $f(n)$ を厳密に求める必要はなく，その主要項のみを知れば十分である．計算量 $f(n)$ の評価はつぎのように行われる．関数 $g(n)$ と二つの正の定数 n_0, c が存在し，$n > n_0$ なる n に対し常に $f(n) \leq cg(n)$ となるとき，$f(n) = O(g(n))$ と記し，計算量は**オーダー** $g(n)$ であるという．すなわち，十分大きな n に対しては $f(n)$ が $g(n)$ の定数倍で抑えられるとき，計算量を $O(g(n))$ と表記するのである（図 1.2）．たとえば，あるアルゴリズムの計算量が $f(n) = 2n^2 + n + 5$ であったとすると，そのアルゴリズムの（漸近的）計算量は $O(n^2)$ であるという．なぜなら，十分大きな n に対しては $f(n) \leq 3n^2$ となるからである．このような評価法では $f(n)$ が定数倍だけ違っても計算量の違いには現れない．このように定数倍を無視して計算量を評価することは，前節で，基本クロックや語長のような個別的な要素を排除した計算モデルを選んだこととも関係する．たとえば，どんな基本クロックをもつ計算機を計算モデルとして選んでも，計算量 $f(n)$ には定数倍の違いとしてしか影響しないので，ここで採用する評価法では差が現れない．

このように定数倍の差を無視してアルゴリズムの計算量を評価しても実用上の意義を失うものでないことをつぎの例で見てみよう．ある問題を解く二つのアルゴリズム A，B があり，それぞれの計算量が $f_A(n) = 2000n$，$f_B(n) = n^2$ であるとする．ア

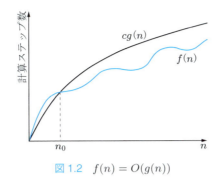

図 1.2　$f(n) = O(g(n))$

ルゴリズム A の計算量の定数係数がアルゴリズム B のそれに比べて 2000 倍も大きいことに注意しよう．このため，入力のサイズ n が小さいときにはアルゴリズム B のほうがアルゴリズム A よりも計算時間は小さい．しかし，$n > 2000$ となるとそれが逆転する．一つの命令が 10^{-8} 秒で実行されるとすると，$n = 10000$ のときにはアルゴリズム A とアルゴリズム B の実行時間はそれぞれ 0.2 秒と 1.0 秒で，確かにアルゴリズム A のほうが速くなっている．しかし，この程度の差ならば，両者に本質的な優劣の差があるとはいえないだろう．なぜなら，アルゴリズム B を実行するのに 5 倍高速な計算機を用意すれば，実用上両者の実行時間は同じになり，この程度の計算機の性能の向上は現実的であるからである．ところが，$n = 500000$ になると，アルゴリズム A のほうは 10 秒で計算を終えるのに，アルゴリズム B ではなんと 40 分以上の計算時間が必要となる．n がさらに大きくなれば，この差はもっとひらくことになり，これほど極端に実行時間に差が出ると，いくら高性能の計算機を用意してもとても追いつくものではない．コンピュータグラフィックスや VLSI の CAD，それに，大規模システムの制御など，現実に計算機で処理している問題では入力のサイズ n がこの程度に大きくなるのはめずらしいことではない．このような大きな入力を扱う問題では漸近的計算量がアルゴリズムの優劣を端的に示すことになる．以上のことより，アルゴリズムの評価を漸近的計算量で行うことは重要な意味をもっていることがわかる（もちろん，漸近的計算量が等しいアルゴリズムどうしを比較するときには定数係数の違いが重要となる）．

計算量の違いが実際の計算時間にどのように現れるかをもう少し詳しく見てみよう．いま，ある問題を解く 6 種類のアルゴリズム A，B，C，D，E，F があり，それぞれ計算量が n，$n \log_2 n$，n^2，n^3，2^n，$n!$ であったとする．先の例と同じように，一つの命令が 10^{-8} 秒で実行されるとする[†1]．入力のサイズ n が大きくなったときの各ア

[†1]　著者の手元の PC では，整数の四則演算は 2〜8 nsec/命令 であった．

ルゴリズムの計算時間の増加するようすを表 1.1 に示す．実用的な時間内で解ける入力の大きさは，アルゴリズムの効率の違いによって大きく変化することに注意しよう．

表 1.1 計算量と計算時間

アルゴリズム	A n	B $n \log_2 n$	C n^2	D n^3	E 2^n	F $n!$
$n=10$	10^{-7}	3.3×10^{-7}	10^{-6}	10^{-5}	10^{-5}	0.036 秒
15	1.5×10^{-7}	0.6×10^{-6}	2.25×10^{-6}	0.34×10^{-4}	3.3×10^{-4}	3.63 時間
20	2×10^{-7}	0.8×10^{-6}	0.4×10^{-5}	0.8×10^{-4}	1.05×10^{-2}	772 年
30	3×10^{-7}	1.5×10^{-6}	0.9×10^{-5}	0.27×10^{-3}	10.7 秒	
40	4×10^{-7}	2.1×10^{-6}	1.6×10^{-5}	0.64×10^{-3}	30.6 時間	
50	5×10^{-7}	2.8×10^{-6}	2.5×10^{-5}	1.25×10^{-3}	129 日	
100	10^{-6}	6.6×10^{-6}	10^{-4}	0.01 秒	4×10^{14} 年	
500	5×10^{-6}	4.5×10^{-5}	2.5×10^{-3}	1.25 秒		
1000	10^{-5}	0.1×10^{-3}	10^{-2}	10 秒		
5000	5×10^{-5}	0.6×10^{-3}	0.25 秒	20.8 分		
10000	10^{-4}	1.3×10^{-3}	1.00 秒	2.78 時間		
50000	5×10^{-4}	0.8×10^{-2}	25 秒	14.4 日		
10^5	10^{-3}	1.7×10^{-2}	100 秒	116 日		

(n は入力サイズ．各命令は 10^{-8} 秒で実行されるとしている．また，省略されている単位はすべて秒である．)

例題 1.2 表 1.1 のアルゴリズム $A \sim F$ を用いて計算をするとする．いま，計算機の計算速度が 10 倍に改善されたとすると，同じ時間でより大きなサイズの入力を処理できるようになるはずである．それぞれのアルゴリズムでどれほど大きい入力が処理できるようになるか．

●**解**● アルゴリズムの時間計算量を $T(n)$ とし，改善前と改善後の計算機への入力をそれぞれ n_1, n_2 とすると，$10T(n_1) = T(n_2)$ が成り立つ．この式から n_2 と n_1 の関係を求めると，以下のようになる．

A：10 倍

B：10 倍（n が非常に大きいとき）

C：3.16 倍

D：2.15 倍

E：$n_2 = n_1 + 3$

F：$n > 10$ ならば $n_2 = n_1$ （入力サイズは増加しない！）

時間計算量が入力サイズ n の指数関数（たとえば 2^n や 3^n, $n!$ なども含めることにする）であるようなアルゴリズムを**指数時間アルゴリズム** (exponential time algorithm) とよび，時間計算量が n の多項式（たとえば n や n^2）であるようなアルゴリズムを**多項式時間アルゴリズム** (polynomial time algorithm) とよぶ．表 1.1 からわかるように，指数時間アルゴリズムは，ごく小さなサイズの入力を除けば現実的な時間内で終了せず，実用的なアルゴリズムとはいいがたい（本書で取り扱うアルゴリズムはすべて多項式時間アルゴリズムである）．よく知られている問題の中には，指数時間アルゴリズムは得られているが，おそらく，多項式時間アルゴリズムは存在しないだろうと予測されている問題があり，**NP 完全問題** (NP-complete problem)[†1] とよばれている．どの NP 完全問題も，もしそれが多項式時間アルゴリズムをもてば，他のすべての NP 完全問題が多項式時間アルゴリズムをもつということが知られており，この意味ですべての NP 完全問題は同等の時間計算量をもつ．多くの研究者は，NP 完全問題は多項式時間のアルゴリズムをもたないと予測しているが，その証明はまだ与えられておらず，計算機科学における未解決の大問題である．どう工夫しても多項式時間アルゴリズムが得られないときには，取り組んでいる問題が NP 完全であることを疑ってみることも必要である．NP 完全問題に対しては，多項式時間アルゴリズムを設計することはあきらめ，問題を縮小するか，近似解を計算するアルゴリズムを考えることが現実的である．詳しくは巻末の参考図書 [1, 8, 13] などを参照されたい．

1.3 再帰的アルゴリズム

本書では，アルゴリズムを C 言語で記述する．C はいわゆる手続き型言語であり，他の手続き型言語，たとえば Pascal や FORTRAN，BASIC などを知っている読者が C によるプログラミングを学ぶのに困難はない．Pascal はプログラムの系統的な作り方を学ぶためのもので，初学者でもプログラミング上の間違いを起こしにくい配慮がなされているが，C はプログラミングに習熟していることを前提として設計されているため，正しいプログラムを書くのにとくに注意が必要である．たとえば，変数のとる値が意図した範囲を逸脱すると，Pascal ならばコンパイル時または実行時にその指摘があるが，C ではそれを無視して実行してしまうことがよくある．

FORTRAN や BASIC のサブルーチンに相当するのが**関数** (function) である．Pascal では値を返さない関数は**手続き** (procedure) とよぶが，C ではすべて関数で

[†1] 最適化問題の場合は NP 困難 (NP-hard) とよぶことが多い．

統一している．Cでは値を返さない関数はvoid型関数である．関数の中で宣言された変数は関数の中でのみ有効なローカル変数となる．関数への引数の渡し方は**値呼び**(call by value)のみなので，**番地呼び**(call by reference)を実現するにはポインタ引数を用いる必要がある．

CやPascalの関数がFORTRANやBASICのサブルーチンときわだって異なる点は，**再帰呼び出し**（関数がその定義の中で自分自身を呼び出すこと）ができることである．これをつぎの例で説明しよう．

[例1.2] 自然数nが与えられたときにnの階乗$(n! = n \cdot (n-1) \cdot (n-2) \cdots 2 \cdot 1)$を計算して返す関数を考えよう．すぐに思いつくのはコード1.2のようなプログラムである．

```
int factorial(int n)
{
    int f, i;
    if (n == 0)
        return 1;
    f = 1;
    for (i = 1; i <= n; i++)
        f = f * i;
    return f;
}
```

コード1.2　$n!$の計算（非再帰版）

これを再帰を用いて書くと，コード1.3のようになる．

```
int factorial(int n)
{
    if (n == 0)
        return(1);
    else
        return(n * factorial(n-1));
}
```

コード1.3　$n!$の計算（再帰版）

ここで定義される関数factorial(n)は，nが0ならば1を返し，そうでないときには，$n-1$の階乗$(n-1)!$を（自分自身を再帰的に呼び出して）計算し，nと掛け算した値を返している．

つぎに，もう少し複雑な計算を紹介する．

[例 1.3] ユークリッドの互除法 (Euclid's algorithm) は，2 個の自然数 m, n の最大公約数を求めるアルゴリズムである．つまり，m と n の両方を割り切る数（公約数）で最大のものを求める．その手順を思い出すために，$m = 108$, $n = 45$ として，最大公約数を求めてみよう．

  108 を 45 で割った余りは 18
  45 を 18 で割った余りは 9
  18 を 9 で割った余りは 0
  よって，最大公約数は 9 である

このように，ユークリッドの互除法では，2 数 m, n ($m \geq n$ とする) が与えられたら，m を n で割り，余り r が出たら，さらに除数 n を余り r で割るということを繰り返す．この割り算で余りが出なかったら（つまり $r = 0$ なら），そのときの除数（ひとつ前の割り算での余り）がもとの m, n の最大公約数である．その原理はつぎのように説明できる．いま，m を n で割ったときに余りが r であったとすると，次式が成立する．

$$m = q \cdot n + r$$

ここで，q はこの割り算の商である．また，$0 \leq r < n$ である．この式から m と n の公約数はどれも r を割り切ることがわかる．d を m と n の公約数としよう．左辺の m は d で割り切れる（つまり d が m の因子である）ので，右辺も d で割り切れるはずである．よって，r も d で割り切れる．つまり，m と n の公約数は n と r の公約数でもある．逆に，n と r の公約数が m と n の公約数でもあることもわかる．よって，m と n の最大公約数を $\mathrm{GCD}(m, n)$ で表すと，

$$\mathrm{GCD}(m, n) = \mathrm{GCD}(n, r)$$

である．これは繰り返し適用できる．上の例 1.3 でやってみると，

$$\begin{aligned} \mathrm{GCD}(108, 45) &= \mathrm{GCD}(45, 18) \\ &= \mathrm{GCD}(18, 9) \\ &= \mathrm{GCD}(9, 0) \\ &= 9 \end{aligned}$$

となる．0 は任意の数で割り切れるので最後の等式が成立する．ユークリッドの互除法のプログラムをコード 1.4 に示す．

```
int gcd(int m, int n)
{
    if (n == 0)
        return(m);
    else
        return(gcd(n, m % n));
}
```

コード 1.4　ユークリッドの互除法（再帰版）

ここで定義される関数 $\gcd(m,n)$ は，n が 0 ならば m を返し，そうでないときには，n と $m\%n$（m を n で割った余り）の最大公約数を（自分自身を再帰的に呼び出して）計算している．

図 1.3 は $\gcd(108, 45)$ がどのように計算されるかを説明している．縦の線は計算の進行を表している．たとえば，最も左の縦の線は，$\gcd(108, 45)$ の計算が始まると，その中で $\gcd(45, 18)$ が呼ばれ，その計算で返る値 9 が，そのまま $\gcd(108, 45)$ の返す値になることを示している．

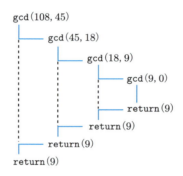

図 1.3　ユークリッドの互除法の計算過程

関数の呼び出しと終了は，その関数への分岐命令と呼び出しもとへ戻るための分岐命令で実現されるが，このような再帰呼び出しが可能なのは，プログラムの実行時に関数の呼び出しが発生するたびに，呼ばれた関数のローカル変数のための記憶領域を新たに供給するという機構を C コンパイラが実現しているためである．

もちろん，再帰呼び出しを使わなくても同じ計算をするプログラムを書くことは可能である．むしろ，再帰呼び出しを使わない方が高速なプログラムになることが多い（第 3 章では，**スタック**とよばれる機構を用いて，再帰呼び出しを取り除く例が示される）．しかし一般には，再帰呼び出しを使って記述すると，アルゴリズムが非常に簡潔になり，しかも理解しやすくなる．また，アルゴリズムの正しさの証明や計算量の解析が容易になるということもあり，本書では再帰呼び出しを積極的に用いてアルゴリ

ズムを記述している．関数の再帰呼び出しを用いて記述されたアルゴリズムは，**再帰的アルゴリズム**とよばれる．

1.4 グラフと木

グラフ (graph) は，いくつかの**頂点** (vertex) と，頂点どうしを結ぶいくつかの**辺** (edge) からなる組合せ論的な概念で，以下の章においては，アルゴリズムの解析の道具として用いられたり，データ構造や問題を記述するために用いられる．図 1.4 は 5 個の頂点と 6 本の辺からなるグラフの例である．

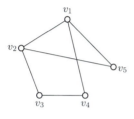 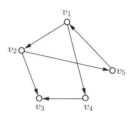

図 1.4　無向グラフ　　　　　　　図 1.5　有向グラフ

形式的には，グラフ G は頂点の集合 V と辺の集合 E ($\subseteq V \times V$) の対で $G = (V, E)$ のように表される．図 1.4 のグラフでは，

$$V = \{v_1, v_2, v_3, v_4, v_5\}$$
$$E = \{(v_1, v_2), (v_1, v_4), (v_1, v_5), (v_2, v_3), (v_2, v_5), (v_3, v_4)\}$$

である．辺に向きを考えるとき（すなわち，E が順序対の集合のとき），G は**有向グラフ** (directed graph) とよばれ，辺の向きを考えないとき**無向グラフ** (undirected graph) とよばれる．有向グラフの辺を描くときには矢印によってその向きを表すことにする（図 1.5）．$V' \subseteq V$ を頂点集合とし，$E' \subseteq E$ を辺集合とするグラフ $G' = (V', E')$ を G の**部分グラフ** (subgraph) という．頂点 u と頂点 v を結ぶ辺 e を $e = (u, v)$ のように表記する．このとき，u と v は辺 e の**端点**といい，e は u と v に**接続** (incident) しているという．また，u と v は**隣接** (adjacent) しているという．頂点 u に接続している辺の本数を u の**次数** (degree) という．有向グラフの場合，辺 $e = (u, v)$ に対し，u は e の**始点**，v は e の**終点**ともよばれる．頂点 u を始点とする辺の本数を u の**出次数** (outdegree)，u を終点とする辺の本数を u の**入次数** (indegree) という．グラフ G における頂点 v_1 から v_k への長さ $k - 1$ の**路** (path) とは，頂点の系列 $p = (v_1, v_2, \ldots, v_k)$ で，各 i ($1 \leq i < k$) について $(v_i, v_{i+1}) \in E$ となってい

るもののことである．頂点 v_1 と v_k を p の端点とよぶ．また，$v_1, v_2, \ldots, v_k$ がすべて異なる頂点のとき p は**単純** (simple) であるという．たとえば，図 1.4 のグラフで，$(v_5, v_1, v_2, v_3, v_4)$ は v_5 から v_4 への長さ 4 の単純な路である．$v_1 = v_k$ のとき，p は**閉路**[†1] (cycle) とよばれる（G が有向グラフの場合には，路に沿って各辺は向きがそろっていることが必要である．このとき，路，閉路のかわりに**有向路**，**有向閉路**ということもある）．

無向グラフ G の任意の 2 頂点 u, v の間に u から v への路があるとき，G は**連結** (connected) であるという．閉路のない連結な無向グラフを**木** (tree) とよぶ．とくに，**根** (root) とよばれる 1 個の特別視される頂点をもつ木を**根付き木** (rooted tree) とよぶ．図 1.6 (a) は頂点 r を根とする根付き木の例である．以下では，根付き木のことを単に木ということがある．根付き木において，根から他の頂点 v への路はただ 1 本だけ存在するが，根から v への路上の頂点で，v の直前の頂点 u を v の**親**とよび，v を u の**子**とよぶ．また，同じ親をもつ頂点どうしを**兄弟**とよぶ．

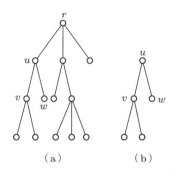

図 1.6　根付き木とその部分木[†2]

図 1.6 (a) で，v の親は u で，v と w は兄弟である．根から v への路上にある各頂点を v の**先祖** (ancestor)（v 自身も含める）とよび，v を先祖とするような頂点を v の**子孫** (descendant) とよぶ．子をもたない頂点は**葉** (leaf) とよばれる．根から v への路の長さを v の**深さ** (depth) といい，頂点 v から v の子孫への路で最長のものの長さを v の**高さ** (height) という．たとえば，図 1.6 (a) で u の高さは 2，深さは 1 である．したがって，根の深さと葉の高さはともに 0 である．根付き木の高さ（深さ）とは根の高さ（葉の最大深さ）のことである．また，頂点 u を根とする**部分木**とは，u のすべての子孫を頂点集合とする根付き木をいう（同図 (b)）．

[†1] $v_1, v_2, \ldots, v_{k-1}$ がすべて異なる頂点のときは単純閉路という．
[†2] 通常，根付き木は根を上にして描かれる．

演習問題 1

(とくに推奨する問題には番号に ＊印を付けてある.)

1.1 ホーナーの方法に基づいて，多項式 $p(x) = a_n x^n + a_{n-1} x^{n-1} + \cdots + a_1 x + a_0$ の，$x = x_0$ における値を求めるアルゴリズムを書け．ただし，入力として与えられるのは $n, a_n, a_{n-1}, \ldots, a_0, x_0$ である．

1.2 x と k を入力として，$x^n\ (n = 2^k)$ を計算する時間計算量が $O(\log n)$[†1] のアルゴリズムを書け（再帰版と非再帰版を与えよ）．

1.3＊ 演習問題 1.2 と同じ．ただし，入力は x と n（必ずしも 2 のべきではない）とする．

1.4 計算量がそれぞれ $f_A(n) = n \log_2 n$ と $f_B(n) = 3n \log_{10} n$ であるような二つのアルゴリズム A, B がある．どちらが効率がよいか．また，A と B の漸近的計算量はいくらか．

1.5 計算量 $f(n)$ がつぎのような式で表されるとき，漸近的計算量はいくらか．
（a） $f(n) = n + \log_2 n + 0.5^n$
（b） $f(n) = n^{2.05} + n^2 \log_2 n$
（c） $f(n) = n^3 + 2^{n/3}$

1.6 計算量 $f_i(n)$ がつぎのような式で表されている．漸近的計算量の小さい順に並べよ．

$$f_1(n) = n^{2.5},\ f_2(n) = \sqrt{2n},\ f_3(n) = n + 10,$$
$$f_4(n) = 10^n,\ f_5(n) = 100^n,\ f_6(n) = n^2 \log_2 n$$

1.7 ユークリッドの互除法を用いて $\gcd(247, 318)$ を計算せよ．

1.8 ユークリッドの互除法のアルゴリズム（非再帰版）を書け．

1.9 $n!$ を計算するプログラムを実装せよ．また，そのプログラムが正しく動作する n の範囲を調べよ．

1.10＊ （ハノイの塔の問題） 3 本のくい A, B, C と n 枚のおのおの大きさの異なる円盤がある．円盤には中心に穴があり，すべての円盤がくい A に最も大きい円盤を底にして大きさの順にくいの穴に通し積まれている．問題はすべての円盤をくい B に大きさの順に積み上げるというものである．ただし，円盤は一度に 1 枚ずつしか動かせず，どの円盤もそれより小さい円盤の上に載せてはいけない．くい C は一時的に円盤を置くのに用いてよい．この問題を解く再帰的アルゴリズムを書け．また，そのアルゴリズムで円盤を動かす回数はいくらか．

1.11 $G = (V, E)$ を任意のグラフとする．G の奇数次数の頂点の個数は偶数であることを示せ．

[†1] 底が異なっても計算量には定数倍の違いとしてしか現れないので，オーダー表記においては対数の底を省略する．

1.12 $G = (V, E)$ を 2 個以上の頂点をもつ任意の単純グラフとする．G には同じ次数の 2 個の頂点があることを示せ．

1.13 グラフのすべての頂点をちょうど一度ずつ通る閉路を**ハミルトン閉路** (Hamiltonian cycle) とよび，すべての頂点をちょうど一度ずつ通る路を**ハミルトン路**とよぶ．n 個の頂点をもつ**完全グラフ**[†1]の各辺に任意の向きを付けてできる有向グラフ（**トーナメント**とよばれる）にはハミルトン有向路が存在することを示せ．

1.14 **多重辺**[†2]をもつ無向グラフ G を考える．すべての辺をちょうど一度ずつ通りもとに戻る閉路を G の**オイラー閉路** (Euler cycle) とよぶ．連結な無向グラフ G がオイラー閉路をもつための必要十分条件は，"G の各頂点の次数が偶数"であることを示せ（したがって，グラフが一筆書きできるためには，次数が奇数の頂点がたかだか 2 個であればよい）．

1.15 6 個の頂点をもつ無向グラフには，どの 2 頂点も辺で結ばれているような 3 個の頂点か，または，どの 2 頂点も辺で結ばれていないような 3 個の頂点が含まれていることを証明せよ．

1.16* 根付き木のすべての葉の深さの総和を**外部路長**といい，葉を除くすべての頂点の深さの総和を**内部路長**という．葉以外の各頂点がちょうど 2 個ずつの子をもつ根付き木では，その内部路長 L_i と外部路長 L_e の間には $L_e = L_i + |V| - 1$ の関係があることを示せ．ただし，$|V|$ は根付き木の頂点の個数である．

[†1] 任意の 2 頂点の間に辺があるような無向グラフのこと．
[†2] 両端点を共有する複数の辺のこと．

第2章
基本データ構造とその実現

アルゴリズムの実行過程では，データの集合に対し，要素の挿入や削除のような基本的な操作を繰り返し実行することが多い．このような基本操作を効率よく実行できるように，データの集合にある構造を与えたものを**データ構造** (data structure) とよぶ．データ構造を用いることの利点は，アルゴリズムを設計する際に，データ操作のこまごまとした雑用から離れてアルゴリズムの全体的な構成に思考を集中させることができることである．また，工夫されたデータ構造を用いることはアルゴリズムの効率の向上にもつながる．この章では，よく用いられる基本的なデータ構造を紹介し，それらがどのようにして計算機上に実現されるかを解説する．

2.1 リスト

n 個のデータの系列 $a_1, a_2, \ldots, a_n$ を計算機の上で表現しようとするとき，まず思いつくのは配列を用いる方法であろう．大きさ n の配列 $A[1..n]$[†1] を用意し，各 $A[i]$ に系列の要素 a_i を格納すればよい．配列を用いることの利点は，配列のインデックス i を利用して系列の i 番目の要素 a_i を直接参照できることである．しかし，新たな要素を系列の途中に挿入したり，系列の途中の要素を削除したりする操作をひんぱんに実行する場合には都合の悪いことも生じる．つまり，挿入や削除を実行するには他の要素を配列内でシフトさせるという操作が必要になり，このため，場合によっては，1 回の挿入または削除ごとに系列の要素数 n に比例した処理時間が必要となるからである．そこで，図 2.1 (a) のように各要素 a_i ごとにつぎの要素 a_{i+1} を指すポインタ（図では矢印で表されている）をもたせることが考えられる．これが**リスト** (list, linked list) とよばれるデータ構造である．要素とポインタを格納している箱を**セル**とよぶ．リストへの要素の挿入や削除は新たなセルの導入とポインタの付け替えにより行うため，リスト中の要素の個数 n と関係なく $O(1)$ 時間（つまり定数時間）で実行できる（図 2.1 (b), (c)）．リストを計算機上に実現する一つの方法は図 2.2 に示すように二つの 1 次元配列を用いることである．同図で，box[i] と next[i] の対が一つ

[†1] 要素が $A[1], A[2], \ldots, A[n]$ の配列をこのように表す．C 言語ではサイズ n の配列はインデックスが $0, 1, \ldots, n-1$ であるが，本書では配列インデックスの始めと終わりを明示する．つまり，$A[i]$ から $A[j]$ までの連続した配列要素を $A[i..j]$ と表記する．

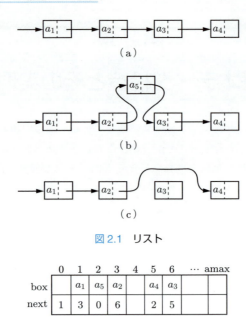

図 2.1 リスト

	0	1	2	3	4	5	6	...	amax
box		a_1	a_5	a_2		a_4	a_3		
next	1	3	0	6		2	5		

図 2.2 配列によるリストの実現

のセルに対応し，box[i] に要素が入り，next[i] にポインタが入る．next[0] がリストの先頭のセルを指しており，リスト中の最後のセルは next[i] の値が 0 となっていることで判定できる．

リストを配列で実現すると，挿入や削除を行うたびに配列内の未使用領域を管理する必要が生じる．このために，配列内の空いている場所を覚えておくリスト（**フリーリスト** (free list) とよぶ）を用意し，データのリストに対し挿入や削除を行うたびにフリーリストのほうも更新するという方法が用いられる．

C言語では**ポインタ型**の変数が使えるので，これを用いてリストを実現すれば，未使用記憶領域の管理にわずらわされることはなくなる．

リストのセルはコード 2.1 のようなデータ型（構造体）として定義される（この定義で，3行目はここで定義される構造体を指すポインタ名が next であることを表している．各要素 a_i は**文字型** char としているが，取り扱うデータにより適切な型を使えばよい）．

```
struct element {
    char data;
    struct element *next;
};
```

コード 2.1 ポインタ型によるリストの実現

リスト上の基本操作を行う関数をコード 2.2 に示す．$l = \texttt{create}()$ は 1 個のセル（ダミーセル）のみからなる空のリスト l を生成する（ここでは，プログラムを簡潔にするために，リストは常にその先頭にデータを格納しないダミーセルをもつとしている．また，このダミーセルを指すポインタ変数の名前をそのリストの名前とする．$\texttt{new}()$ は新しいセルを生成し，それを指すポインタを返す関数である．$l \to \texttt{next}$ は l が指すセルのポインタ部を表す）．$\texttt{insert}(l, k, a)$ はリスト l の $k-1$ 番目の要素の後ろに新たな要素 a を挿入する関数で，$\texttt{delete}(l, k)$ はリスト l の k 番目の要素を削除する関数である．$\texttt{access}(l, k)$ はリスト l の k 番目の要素を返す関数である．なお，$\texttt{insert}$, $\texttt{delete}$, $\texttt{access}$ は再帰的関数になっているが，再帰呼び出しを使わない書き方もできる（演習問題 2.2）．

［例 2.1］ $l = \texttt{create}()$, $\texttt{insert}(l, 1, a_1)$, $\texttt{insert}(l, 2, a_2)$ をこの順に実行したリスト l は図 2.3 のようになる．ここで，nil はセルを指していないポインタを表す記号である（コード 2.2 のプログラム中では NULL が使われている）． ■

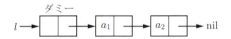

図 2.3　$l = \texttt{create}(); \texttt{insert}(l, 1, a_1); \texttt{insert}(l, 2, a_2)$

リスト上の他の基本操作としては，リスト l を二つのリスト l_1, l_2 に分割する操作や，逆に二つのリスト l_1, l_2 を連接して一つのリスト l にしたりする操作などがある．また，各セルに逆向きのポインタを用意して，リストの要素を逆方向にもたどれるようにすることもある．このようなリストを**双方向リスト**（two-way list, doubly linked list）とよぶ（図 2.4）．これに対し，普通のリストを**一方向リスト**または**線形リスト**（one-way list, linear list）とよぶこともある．二つのリストの連接は，双方向リストを用いれば要素数に依存せず一定時間で実行できる．

本書では，リストは 4.5 節のハッシングや 7.1 節のグラフの表現で用いられる．

図 2.4　双方向リスト

```
struct element *new()      /* メモリー上にセルの領域を確保 */
{
    return((struct element *) malloc(sizeof(struct element)));
}

struct element *create()   /* 空リストを生成 */
{
    struct element *p;

    p = new();
    p->next = NULL;
    return(p);
}


void insert(struct element *l, int k, char item)   /* リストへ要素の挿入 */
{
    struct element *p;

    if (k > 1)
        insert(l->next, k-1, item);
    else {
        p = new();
        p->data = item;
        p->next = l->next;
        l->next = p;
    }
}

void delete(struct element *l, int k)   /* リストから要素の削除 */
{
    if (k > 1)
        delete(l->next, k-1);
    else
        l->next = l->next->next;
}

char access(struct element *l, int k)   /* リストの要素にアクセス */
{
    if (k > 1)
        return(access(l->next, k-1));
    else
        return(l->next->data);
}
```

コード2.2　リストの基本操作

2.2 スタック

リストの先頭にのみ要素の挿入ができ，削除もリストの先頭の要素のみに対して行われるようなデータ構造を**スタック**（stack, pushdown stack）とよぶ．これは，ちょうど図 2.5 のような機構に対応する．出し入れ口から要素を追加したり取り除いたりできるが，バネによって下から押し上げられるため，取り出される要素は内部に残っている要素の中で最も後から追加したものとなる．すなわち，スタックは，後から入った要素が先に出てくるという**後入れ先出し** (last-in first-out) 方式のデータ構造である．スタックへ要素を追加する操作を**プッシュ** (push) といい，スタックから要素を取り出す操作を**ポップ** (pop) という．

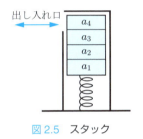

図 2.5　スタック

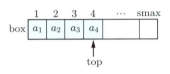

図 2.6　配列によるスタックの実現

スタックは配列と 1 個の変数を用いて図 2.6 のように計算機上に実現することができる．変数 top はスタック内の先頭の要素を指すポインタで，スタックが空のときにはその値は 0 である．コード 2.3 はスタックを表すデータ型と主な基本操作を行う関数を示す．

initialize(s) はスタックを初期化する関数である．push(s, a) はスタック s に要素 a を追加し，pop(s) はスタック s の先頭の要素を取り出す関数である．empty(s) はスタック s が空であるか否かを調べる関数，top(s) はスタック s の先頭の要素を返す関数である．明らかに，これらの基本操作はすべてスタック内の要素の個数に無関係に一定時間で実行できる．

本書では，スタックは 3.4 節においてクイックソートを非再帰的アルゴリズムに変更するのに用いられている．また，グラフの 2 連結成分を見つけるアルゴリズムにも用いられる．C 言語で再帰的アルゴリズムの実行が可能となっているのは，C 言語の処理系にスタックに相当する機構が用意されているからである．したがって，スタックを用いれば，すべての再帰的アルゴリズムは非再帰的アルゴリズムに変更可能である．

```
struct stack {              /* スタックを表す構造体の定義 */
    char box[smax+1];
    int  top;
};

void initialize(struct stack *s)    /* スタックの初期化 */
{
    s->top = 0;
}

void push(struct stack *s, char item)    /* スタックへ要素の挿入 */
{
    s->box[++s->top] = item;
}

void pop(struct stack *s)    /* スタックから要素の削除 */
{
    --s->top;
}

int empty(struct stack *s)    /* FALSE=0  TRUE=1 */
{
    return(s->top == 0);
}

char top(struct stack *s)    /* スタックの先頭要素 */
{
    return(s->box[s->top]);
}
```

コード 2.3　スタックの基本操作

2.3　キュー

　要素の挿入がリストの一方の端でのみ行われ，要素の削除はリストの他方の端でのみ行われるようなデータ構造を**キュー**(queue) とよぶ．これは，ちょうど図 2.7 のような機構を思い浮かべればよい．先に入った要素が先に出てくるので，**先入れ先出し** (first-in first-out) 方式のデータ構造である．キューは配列と 2 個の変数を用いて，

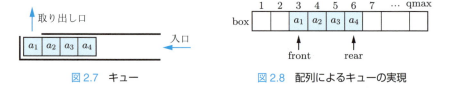

図 2.7　キュー　　　　図 2.8　配列によるキューの実現

図 2.8 のように実現できる．変数 front と rear はそれぞれキューの先頭と最後尾の要素を指すポインタである．

キューを表すデータ型と主な基本操作を行う関数をコード 2.4 に示す．initialize(q) はキュー q を初期化する関数で，insert(q, a) と delete(q) はそれぞれキュー q への要素 a の追加 (enqueue) と q の先頭の要素の削除 (dequeue) を行う関数である．empty(q) はキュー q が空であるか否かを調べる関数，top(q) はキュー q の先頭の要素を返す関数である．明らかに，これらの基本操作はすべてキュー内の要素の個数に無関係に一定時間で実行できる．

```
struct queue {          /* キューを表す構造体の定義 */
    char box[qmax+1];
    int  front, rear;
};

void initialize(struct queue *q)    /* キューの初期化 */
{
    q->front = 1;
    q->rear = 0;
}

void insert(struct queue *q, char item)    /* キューへ要素を挿入 */
{
    q->box[++q->rear] = item;
}

void delete(struct queue *q)    /* キューから先頭要素を削除 */
{
    ++q->front;
}

int empty(struct queue *q)    /* FALSE=0  TRUE=1 */
{
    return(q->rear < q->front);
}

char top(struct queue *q)    /* キューの先頭要素 */
{
    return(q->box[q->front]);
}
```

コード 2.4　キューの基本操作

本書では，キューは 3.1 節のバケットソートと 7.2 節のグラフの探索（幅優先の探索）で用いられる．

2.4 ヒープ

ヒープ (heap) は，数の集合のように要素間に大小関係が定まっている集合を取り扱うデータ構造で，**順位付きキュー** (priority queue) ともよばれる．集合 $\{a_1, a_2, \ldots, a_n\}$ のヒープとは，n 頂点の根付き木 T の頂点に要素 a_i を 1 対 1 に割り当てたもので，葉以外のすべての頂点 v についてつぎの条件（**ヒープ条件**とよぶ）を満たすものをいう．

条件 頂点 v の要素は v のすべての子の要素より小さいか等しい．

図 2.9 は 10 個の整数をヒープにした例である．葉以外のすべての頂点についてヒープ条件が満たされていることに注意されたい．ヒープは，データの集合から最小の要素を繰り返し取り出すのに適したデータ構造である．なぜなら，ヒープ条件より，最小のデータは常に T の根に割り当てられているからである．

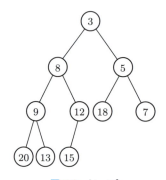

図 2.9 ヒープ

配列を用いてヒープを実現するために，T としてつぎのような根付き木を用いる．T の各頂点の子はたかだか 2 個で，それらには左の子と右の子という区別がある．すべての葉の深さは d または $d-1$ で，深さが $d-1$ 未満の各頂点 v はちょうど 2 個の子をもつ．さらに，深さ d の葉は（もしあるなら）図 2.9 のように左に詰めて配置される（このような根付き木は**完全 2 分木**とよばれる）．

さて，このようなヒープは 1 本の配列と 1 個の変数を用いて計算機上に実現することができる．いま，T の各頂点に割り当てられた要素を，頂点の深さの小さいほうから大きいほうに向かって（同じ深さの頂点どうしでは左から順に）$a_1, a_2, \ldots, a_n$ とする（図 2.10 (a)）．簡単のため，以下では，a_i が割り当てられた T の頂点も a_i とよぶことにする．すると，a_i の左の子は a_{2i} となり，右の子は a_{2i+1} となる．したがっ

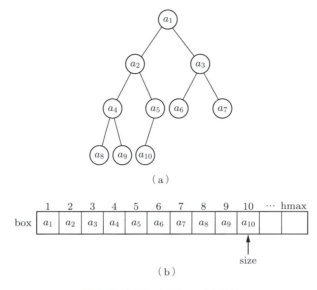

図 2.10　配列によるヒープの実現

て，要素 a_i を配列 box の i 番目に配置すれば，a_i の左の子は box$[2i]$ に入り，右の子は box$[2i + 1]$ に入ることになる（図 2.10 (b)）．

同図で，変数 size はヒープ内の要素の個数を表す．ヒープの主な基本操作は要素の挿入と最小要素（ヒープ条件により，根が最小要素である）の削除である．

ヒープを表すデータ型とその基本操作を行う関数をコード 2.5 に示す．initialize(h) はヒープ h を初期化する関数，insert($h, item$) はヒープ h に要素 $item$ を挿入する関数である．findmin(h) はヒープ h の最小要素を返す関数で，deletemin(h) はその最小要素を削除する関数である．

要素の挿入はつぎのように行われる．挿入される要素 a_{n+1} は，まず，配列の size + 1 番目に置かれる．これは，図 2.10 (a) でいえば，一番下の空いている場所に左詰めで配置されたことに対応する．つぎに，a_{n+1} とその親との間でヒープ条件が成立するかを調べ，もし成立しないならば，それらを入れ替える（このようにしても，もとの a_{n+1} の兄弟と a_{n+1} の親との間のヒープ条件はくずれない）．

さらに，入れ替え後の a_{n+1} とその親との間でヒープ条件を調べる．これを，ヒープ条件が成立するか，a_{n+1} が根になるまで繰り返す．n 個の要素を含む完全 2 分木では根の高さは $\lfloor \log_2 n \rfloor$[†1] なので（演習問題 2.14），insert の実行に要する時間は $O(\log n)$ となる．

---

†1　$\lfloor x \rfloor$ は実数 x 以下の最大整数を表す．また，$\lceil x \rceil$ は実数 x 以上の最小整数を表す．

```
struct heap {              /* ヒープを表す構造体の定義 */
    int box[hmax+1];
    int size;
};

void swap(int *u, int *v)
{
    int temp;

    temp = *u;
    *u = *v;
    *v = temp;
}

void initialize(struct heap *h)     /* ヒープの初期化 */
{
    h->size = 0;
}

void insert(struct heap *h, int item)     /* ヒープへ要素の挿入 */
{
    int i;

    i = ++h->size;
    h->box[i] = item;
    while(i > 1 && h->box[i]  <  h->box[i/2]){
        swap(&h->box[i], &h->box[i/2]);
        i /= 2;
    }
}

int findmin(struct heap *h)     /* ヒープの最小要素 */
{
    return(h->box[1]);
}

void deletemin(struct heap *h)     /* 最小要素の削除 */
{
    int i, k;

    i = 1;
    h->box[1] = h->box[h->size];
    --h->size;
    while (2 * i <= h->size){
        k = 2 * i;
        if (k < h->size && h->box[k] > h->box[k+1])
            k++;
        if (h->box[i] <= h->box[k])
```

```
        break;
    swap(&h->box[i], &h->box[k]);
    i = k;
    }
}
```

コード2.5 ヒープの基本操作

[例 2.2] 図 2.9 のヒープ h に対し，insert$(h, 6)$ を実行した結果を図 2.11 に示す．挿入される要素 6 は，まず，同図 (a) のようにヒープの葉として左詰めで配置される．つぎに，ヒープ条件が成立するまで親との間で入れ替えを繰り返す（同図 (b)，(c)）． ■

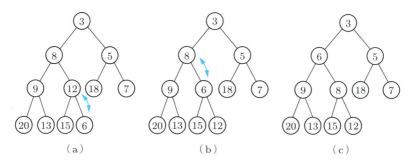

図 2.11 insert$(h, 6)$ の実行

最小要素の削除はつぎのように行われる．まず，配列の最後尾の要素 a_n を配列の先頭（T の根に対応する）に書き込む．これで，最小要素は削除された．つぎに，この a_n とその子の間でヒープ条件が成立するかを調べる．もし成立しないときには，左右の子のうち小さいほうと a_n を入れ替え，さらに，入れ替え後の a_n とその子の間でヒープ条件が成立するかを調べる．これを，ヒープ条件が成立するか，a_n が葉になるまで繰り返す．insert の場合と同様に，deletemin を実行する時間も $O(\log n)$ となる．

[例 2.3] 図 2.9 のヒープ h に対し，deletemin を実行した結果を図 2.12 に示す．まず同図 (a) のように，a_n（ここでは 15）をヒープの根に書き込む．つぎにヒープ条件が成立するまで子との間で入れ替えを繰り返す（同図 (b)，(c)）． ■

本書では，ヒープは 3.5 節のヒープソートで用いられる．また，7.4 節の最小スパニング木を見つけるアルゴリズムと 7.5 節の最短路を見つけるアルゴリズムの効率を

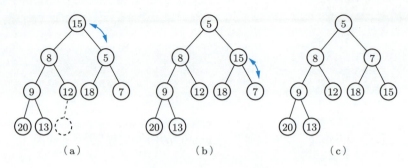

図 2.12　deletemin の実行

向上させるのにも用いられる．

演習問題 2

2.1　リスト上の要素の順序を逆にする関数を書け．

2.2　コード 2.2 の関数 insert, delete, access を再帰呼び出しを使わずに書け．

2.3　リスト l から要素 a をすべて削除する関数 deleteall(l, a) を書け．

2.4　リスト l に要素 a が含まれているか否かを判定する関数 member(l, a) を書け．

2.5*　演習問題 2.4 で作った関数 member(l, a) において，あらかじめリスト l の最後尾に**番兵** (sentinel) とよばれる 1 個のセルを用意するとプログラムが簡潔になる．関数 member では，まず番兵に a を格納し，つぎに先頭から順にポインタをたぐりながら l の各セルを探索する．a を見つけたとき，それが入っているセルが番兵であったら，l には要素 a が含まれていなかったことになる．番兵はリストを探索する際の走り抜けのチェックを不要にするため，プログラムが簡潔になり，探索時間も節約できる．リストに番兵を用意するようにコード 2.2 の関数 create(l) を変更せよ．

2.6　双方向リストを計算機上に実現せよ．

2.7　つぎのような一連のスタックの操作を実行した後のスタック s の内容はどうなるか．
　　　initialize(s); push(s, a); push(s, b); pop(s); push(s, a); push(s, c)

2.8　入力として左括弧と右括弧の系列が与えられたとき，その系列が整合しているか否かを判定するアルゴリズムを書け［**ヒント**：スタックを用いよ］．ただし，括弧の系列が**整合**しているとはつぎのように定義される．
　　（a）() は整合している．
　　（b）括弧の系列 w が整合しているとき，(w) は整合している．
　　（c）括弧の系列 v と w が整合しているとき，vw は整合している．
　　（d）（a）〜（c）で整合しているとされた系列のみが整合している．

2.9　つぎのような一連のキューの基本操作を実行した後のキュー q の内容はどうなるか．
　　　initialize(q); insert(q, a); insert(q, b); delete(q); insert(q, a);

insert(q, c)

2.10 図 2.8 のようにキューを実現するとき，ポインタ rear が qmax までくると，box[1], ..., box[front − 1] が空いていてもそれ以上の要素の追加ができなくなる．このとき，box[qmax] のつぎに box[1] が続くものと考えて，さらに要素を追加することが可能である．すなわち，配列 box が環状になっているものとみなすわけである．コード 2.4 の関数 insert と delete をこのような処理に対応できるように変更せよ．

2.11 キューでは要素の挿入と削除がそれぞれリストの一方の端でのみ行えたが，これらの操作がリストの先頭と後尾の両方でできるデータ構造は**デク** (deque, double-ended queue) とよばれる．デクを計算機上に実現せよ．

2.12 整数の集合 $S = \{8, 12, 5, 20, 26, 31, 7, 56, 23, 17\}$ のヒープを一つ図示せよ．

2.13 下の一連のヒープの操作を実行した後のヒープ h はどのようになるか．配列の内容を示し，根付き木を図示せよ．

initialize(h); insert($h, 7$); insert($h, 11$); insert($h, 3$); insert($h, 20$);
insert($h, 18$); deletemin(h); insert($h, 31$); insert($h, 6$)

2.14 n 個の頂点をもつ完全 2 分木の高さは $\lfloor \log_2 n \rfloor$ であることを示せ．

第3章
ソーティング

n 個のデータの系列 $(a_1, a_2, \ldots, a_n)$ が入力として与えられたとき，これらをある順序に従って並べ替える処理が**ソーティング** (sorting) である．たとえば，社員名簿を社員番号順に並べ替えるとする．各データ a_i は，社員番号のほかに，その番号をもつ社員名や入社年月日などの情報からなるであろう．ソーティングはこれらの a_i を社員番号の小さい（または大きい）順に並べ替えるという処理である．次章のデータ探索と並んで，あらゆるデータ処理において基本となるものである．これまでにも多くの研究がなされ，いくつかの効率のよいアルゴリズムが知られている．この章ではその中の代表的なものを紹介する．

上の例の社員番号のように並べ替えのために直接参照される項目を**キー** (key) という．以下では，簡単のためにキーは数値で，各 a_i はキーのみからなるとする．また，入力のデータ a_i は配列の要素 $a[i]$ に入っているとする．

3.1 バケットソート

各 a_i のとりうる値が比較的小さな値 m 以下の整数 (≥ 1) になるときに適した方法である．このアルゴリズムは，いわば，1 から m までの各整数値に対応して m 個のバケツ (bucket) を用意し，入力の各数値を対応するバケツの中に入れ，最後にそれらのバケツに入っている数値を順につないでソーティングを行うというものであり，名前の由来はここにある．これを計算機上で実現するために，バケツに相当するものとして m 個のキュー $q(1), q(2), \ldots, q(m)$ を用意する．各 a_i $(1 \leq i \leq n)$ を $q(a_i)$ に挿入して，つぎに，$q(1), q(2), \ldots, q(m)$ の順にそれぞれのキューの内容を連結すれば，ソートされた系列が得られる．コード 3.1 にアルゴリズムを示す．データ型 queue とキューへの各基本操作（initialize, insert, delete, empty, top）はコード 2.4 で与えたものである（ただし，データ型 char は int に変更する）．第 2 章で学んだように，これらの各基本操作はそれぞれ $O(1)$ の時間で実行できるので，このアルゴリズムの時間計算量は $O(m+n)$ である．したがって，$m = O(n)$ であれば，時間計算量は線形（すなわち $O(n)$）となる．

入力のいくつかの数値 a_i が同じ値であったとき，バケットソートを行ってもそれらの間の並びの順序は変化しない．このように，同じ値のキーをもつデータどうしの相対

```
struct queue q[m+1];

void qtoa(struct queue *q, int a[])    /* キューから配列にデータを移す */
{
    static int j;

    while(!empty(q)){
        a[++j] = top(q);
        delete(q);
    }
}

void bucketsort(int a[], int n)
{
    int i;

    for (i = 1; i <= m; i++)
        initialize(&q[i]);
    for (i = 1; i <= n; i++)
        insert(&q[a[i]], a[i]);
    for (i = 1; i <= m; i++)
        qtoa(&q[i], a);
}
```

コード 3.1　バケットソート

的な位置関係を変えないという性質をもつソーティングアルゴリズムは**安定** (stable) であるという．つぎに紹介する辞書式順序によるソーティングではバケットソートの安定性が利用される．

　k 個の数値の組 $(x_1, x_2, \ldots, x_k)$ の集合上の**辞書式順序** (lexicographic order) はつぎのように定義される．$(a_1, a_2, \ldots, a_k) < (b_1, b_2, \ldots, b_k)$ となるのは，ある整数 j $(1 \leq j \leq k)$ が存在して，$1 \leq i < j$ なるすべての i に対し $a_i = b_i$ であり，しかも，$a_j < b_j$ となるときである．つまり，k 文字の単語を整数の組とみなせば，辞書式順序は辞書の中でのこれらの単語の並び方を与えることになる．

　与えられた n 個の組を辞書式順序でソートするにはつぎのように行えばよい．まず，各組の k 番目の要素をキーとしてバケットソートを行う．つぎに，結果の列を，$k-1$ 番目の要素をキーとしてバケットソートを行う．以下同様にして繰り返し，最後に，1 番目の要素をキーとしてバケットソートを行うと，辞書式順序によるソーティングが完了する．1 番目の要素から先にキーにするのがよいと思われるかもしれないが，実は逆である．これは実際にやってみると納得するであろう．

> **例題 3.1** つぎの 3 項組の系列を辞書式順序にソートせよ．
>
> $$(3,1,5), (2,5,3), (3,1,2), (1,5,3)$$

●解● まず 3 番目の要素をキーとしてソートする．

$$(3,1,2), (2,5,3), (1,5,3), (3,1,5)$$

つぎに 2 番目の要素をキーとしてソートする．

$$(3,1,2), (3,1,5), (2,5,3), (1,5,3)$$

最後に 1 番目の要素をキーとしてソートする．

$$(1,5,3), (2,5,3), (3,1,2), (3,1,5)$$ ∎

この例題 3.1 からもわかるように，辞書式順序によるソートではバケットソートの安定性が重要な役割をはたしていることに注意しよう．なお，キーが k 桁の数字のとき，これを k 個の数値の組とみなして上のようにソーティングを行うアルゴリズムを **基数ソート** (radix sort) という．

バケットソートは入力の各数値 a_i の大きさが比較的小さい値以下に限られるときには有効なアルゴリズムである．しかし，a_i が n とは無関係に非常に大きな値をとりうるときや，a_i が実数型の数値のときには用意すべきキューの数が膨大となるため適した方法とはいえない．そのようなときには a_i どうしの比較によりソーティングを行うのが普通である．以下に，そのようなアルゴリズムの代表的なものを紹介する（以下でも簡単のため a_i は整数型とするが，大小関係の定まっているデータ型であれば整数型に限らない）．

3.2 素朴なアルゴリズム

比較によりソーティングを行うアルゴリズムですぐに思いつくものの一つはつぎのようなものであろう．入力の n 個の数値 $(a_1, a_2, \ldots, a_n)$ の中から最小のものを見つけそれを取り出し，つぎに残りの数値の中からまた最小のものを見つけ取り出す．これを繰り返し，各数値を取り出した順に並べるというものである．この考え方に基づくアルゴリズムをコード 3.2 に示す（この中の `swap` はコード 2.5 で定義した関数である）．このアルゴリズムは **選択法** (selection sort) とよばれ，入力のサイズ n が小さいときにはよく用いられる．内側の `for` ループの回る時間が $(n-1)+(n-2)+\cdots+$

```
void selectionsort(int a[], int n)
{
    int i, j, min;

    for(j = 1; j <= n-1; j++){
        min = j;
        for (i = j+1; i <= n; i++)
            if (a[min] > a[i])
                min = i;
        swap(&a[j], &a[min]);
    }
}
```

コード 3.2　選択法

$1 = n(n-1)/2$ なので，このアルゴリズムの時間計算量は $O(n^2)$ である．

例題 3.2　つぎの整数の系列を選択法によりソートせよ．
　　27　31　15　7　11　9

●**解**●　入力を走査（スキャン）して最小の数値を見つけることを繰り返す（走査部を下線で示す）．

27　31　15　7　11　9

7　31　15　27　11　9

7　9　15　27　11　31

7　9　11　27　15　31

7　9　11　15　27　31

7　9　11　15　27　31

　選択法では，入力がすでにソート済みであっても $O(n^2)$ 回の比較が行われる．入力の系列 $(a_1, a_2, \ldots, a_n)$ の全体または一部がたまたまソートされているということは，実際の応用においても起こりうることで，選択法ではこれを利用していない．つぎに紹介する二つのアルゴリズムでは，最悪の場合には $O(n^2)$ の計算時間がかかるが，入力の数値の並び方によってはもっと早く処理が終了する．

　コード 3.3 は**挿入法** (insertion sort) とよばれるアルゴリズムで，各時点で着目している a_i を，そのときまでにソートされている系列 $(a_1, a_2, \ldots, a_{i-1})$ の間の適切な場所に挿入するというものである．挿入は，この系列中の a_i より大きい数値を右にシ

```
void insertionsort(int a[], int n)
{
    int i, j, temp;

    for (i = 2; i <= n; i++){
        temp = a[i];
        j = i;
        while (j > 1 && a[j-1] > temp){
            a[j] = a[j-1];
            j = j-1;
        }
        a[j] = temp;
    }
}
```

コード 3.3　挿入法

フトし，a_i のための場所を確保して行われる．

例題 3.3　例題 3.2 の整数の系列を挿入法によりソートせよ．

●**解**●　各時点で着目している整数（*印）をその時点でソートされている部分（下線部）の適切な箇所に挿入する．

*27　31　15　7　11　9

<u>27</u>　*31　15　7　11　9

<u>27　31</u>　*15　7　11　9

<u>15　27　31</u>　*7　11　9

<u>7　15　27　31</u>　*11　9

<u>7　11　15　27　31</u>　*9

7　9　11　15　27　31

コード 3.4 のアルゴリズムは**バブルソート** (bubble sort) とよばれ，$(a_1, a_2, \ldots, a_n)$ を左から右へ走査しながら隣り合う二つの数値を比較し，それらが小さい順になっていなければそれら二つの数値を互いに入れ替えていくというもので，この入れ替えが起こらなくなるまで走査を繰り返す（入れ替えが起こったことを検知するために変数 **sorted** が使われている）．1 回走査するごとに，走査された数値の中の最大のものが右端に寄せられるが，この様子がちょうど水中の泡が水面に上っていくのに似ているのでバブルソートという名前がついた．

```
void bubblesort(int a[], int n)
{
    int i, j, sorted;

    j = n;
    do {
        sorted = 1;
        j = j-1;
        for (i = 1; i <= j; i++)
            if (a[i] > a[i+1]){
                swap(&a[i], &a[i+1]);
                sorted = 0;
            }
    } while (!sorted);
}
```

コード 3.4　バブルソート

例題 3.4　例題 3.2 の整数の系列をバブルソートによりソートせよ.

●解●　各時点で比較する二つの整数を下線で示す.

<u>27</u>	<u>31</u>	15	7	11	9
27	<u>31</u>	<u>15</u>	7	11	9
27	15	<u>31</u>	<u>7</u>	11	9
27	15	7	<u>31</u>	<u>11</u>	9
27	15	7	11	<u>31</u>	<u>9</u>
<u>27</u>	<u>15</u>	7	11	9	31
15	<u>27</u>	<u>7</u>	11	9	31
15	7	<u>27</u>	<u>11</u>	9	31
15	7	11	<u>27</u>	<u>9</u>	31
<u>7</u>	<u>15</u>	11	9	27	31
7	<u>15</u>	<u>11</u>	9	27	31
7	11	<u>15</u>	<u>9</u>	27	31
<u>7</u>	<u>11</u>	9	15	27	31
7	<u>11</u>	<u>9</u>	15	27	31
7	9	11	15	27	31

挿入法もバブルソートも，入力の系列 $(a_1, a_2, \ldots, a_n)$ の並び方によってはソーティングが早く完了する場合がある（演習問題 3.4）．とくに，ソート済みの入力に対しては $O(n)$ 回の比較だけですむ．しかし，いずれのアルゴリズムも，入力 $(a_1, a_2, \ldots, a_n)$ が逆順にソートされているような場合には時間計算量は $O(n^2)$ となる．また，数値 $a_1, a_2, \ldots, a_n$ が全く任意に並んでいるような入力に対しても，平均の計算時間はやはり $O(n^2)$ のふるまいをみせることがわかっている．

この節で紹介したような素朴なアルゴリズムは理解が容易であり，実際にプログラムとして実現するのも簡単である．しかし，時間計算量が $O(n^2)$ であるため，入力のサイズ n が小さいときには使えても，n が大きくなった場合には実用上の観点からは使用に耐えなくなる場合もある．たとえば，学校で，クラスや学年単位で学生の成績をソートするには，ここで紹介したアルゴリズムで十分役に立つであろう．ところが，入学試験のように一度に数万人もの成績をソートしようとすると，必ずしもこのようなアルゴリズムで十分であるというわけではない．手元のパーソナルコンピュータでコード 3.2 の選択法の処理時間を実測してみると，$n = 10000$ のときには処理時間は 100 ミリ秒程度であるが，$n = 100000$ になると約 11 秒であった．さらに，$n = 200000$ では約 45 秒を要した．もちろん，処理時間は使用する計算機によって変わるものであるが，入力のサイズ n が 2 倍になると処理時間は 4 倍になっていくという状況は同じである．以下の節では，n が大きいときに威力を発揮する工夫されたアルゴリズムを紹介する．

3.3 マージソート

ソート済みの二つの系列 $\alpha = (a_1, a_2, \ldots, a_p)$ と $\beta = (b_1, b_2, \ldots, b_q)$ を合成して一つのソートされた系列 γ を得る処理を，**マージ** (merge) という．この処理はつぎのようにして α と β の長さの和 $p + q$ に比例する時間で実行できる．α と β はそれぞれ昇順にソートされているとすると，おのおのの先頭どうしを比べ，小さいほうを，それを含む系列から取り出す．結果の二つの系列に対しこれを繰り返す．途中で比べる相手がなくなったときには，要素の残っている系列から順に取り出すことにする．このようにして，各要素を取り出された順に並べれば，ソートされた系列 γ が得られる．

いま，n 個の数値からなる系列 $\alpha = (a_1, a_2, \ldots, a_n)$ をソートするにあたって，まず，α をつぎのように同じ大きさの二つの系列 α_1，α_2 に分割する．

$$\alpha_1 = (a_1, a_2, \ldots, a_h), \quad \alpha_2 = (a_{h+1}, a_{h+2}, \ldots, a_n)$$

ここで，$h = \lfloor n/2 \rfloor$ である．つぎに，α_1 と α_2 をそれぞれソートして得られる二つの系列をマージすれば，α をソートしたことになる．この様子を図 3.1 に示す．α_1 と α_2 のソーティングはいまと同じ処理を繰り返し行えばよいので，関数の再帰呼び出しにより実行できる．このように，分割とマージを繰り返してソーティングを行うのが**マージソート** (merge sort) である．このアルゴリズムをコード 3.5 に示す．`msort(p, n)` は配列 $a[p..p+n-1]$ に入っている長さ n の系列をソートする関数である（$n = 1$ のとき，この関数はなにもせずに終了することに注意せよ．このため，再帰呼び出しの繰り返しが無限に続くことはない）．`merge(p, n)` は配列 $a[p..p+\lfloor n/2 \rfloor - 1]$ に入っている系列と $a[p+\lfloor n/2 \rfloor .. p+n-1]$ に入っている系列をマージして結果を $a[p..p+n-1]$ に入れる関数である．このアルゴリズムは関数の呼び出し `msort(a, b, 1, n)` により実行が開始される．

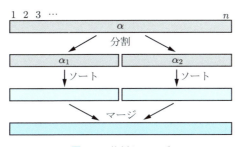

図 3.1　分割とマージ

例題 3.5　つぎの整数の系列をマージソートによりソートせよ．

18　37　21　14　7　12　19　6

●**解**●　まず，系列の分割が再帰的に行われる．

(18　37　21　14) (7　12　19　6)
(18　37) (21　14) (7　12) (19　6)
(18) (37) (21) (14) (7) (12) (19) (6)

つぎに，隣り合う列どうしのマージが繰り返される．

(18　37) (14　21) (7　12) (6　19)
(14　18　21　37) (6　7　12　19)
(6　7　12　14　18　19　21　37)　■

```
/* a[p..p+n/2-1]とa[p+n/2..p+n-1]をマージする */
void merge(int a[], int b[], int p, int n)
{
    int i, j, k, h;

    h = n/2;
    i = p;
    j = p+h;

    for (k = p; k < p+n; k++)
        if (j == p+n || (i < p+h && a[i] <= a[j]))
            b[k] = a[i++];
        else
            b[k] = a[j++];
    for (k = p; k < p+n; k++)
        a[k] = b[k];
}

void msort(int a[], int b[], int p, int n)     /* a[p..p+n-1]をソートする */
{
    int h;

    if (n > 1){
        h = n/2;
        msort(a, b, p ,h);
        msort(a, b, p+h ,n-h);
        merge(a, b, p, n);
    }
}

main()
{
    int a[amax+1];
    int b[amax+1];
    int n;

    msort(a, b, 1, n);
}
```

コード3.5 マージソート

このアルゴリズムの時間計算量をみてみよう．簡単のために $n = 2^k$ として長さ n の系列をこのアルゴリズムでソートしたときの時間を $T(n)$ と表記すると，つぎの式が成立する．

$$T(n) = \begin{cases} c_1 & (n = 1 \text{ のとき}) \\ 2T\left(\dfrac{n}{2}\right) + c_2 n & (n > 1 \text{ のとき}) \end{cases} \quad (3.1)$$

ここで，c_1, c_2 は適当な定数である．$n > 1$ のときの右辺第 1 項は長さが $n/2$ の二つの系列に対して関数 msort を再帰的に実行する時間で，第 2 項 $c_2 n$ は長さが $n/2$ の二つの系列をマージするのに要する時間である．この式はつぎのようにして容易に解ける．

$$\begin{aligned} T(n) &= 2T\left(\dfrac{n}{2}\right) + c_2 n = 2\left(2T\left(\dfrac{n}{4}\right) + c_2 \dfrac{n}{2}\right) + c_2 n \\ &= 2 \cdot 2\left(2T\left(\dfrac{n}{8}\right) + c_2 \dfrac{n}{4}\right) + c_2 n + c_2 n \\ &= \cdots \\ &= \overbrace{2 \cdot 2 \cdots \cdot 2}^{k} T(1) + k c_2 n = 2^k c_1 + k c_2 n = c_1 n + c_2 n \log_2 n \end{aligned}$$

よって，$T(n) = O(n \log n)$ となり（演習問題 3.7 と 3.8），前節の素朴なアルゴリズムの $O(n^2)$ に比べると格段の高速化が図られたことになる（3.2 節で用いたのと同じパーソナルコンピュータでコード 3.5 のマージソートを実行したところ，$n = 100000$ でも処理時間は 100 ミリ秒以下であった）．

このような時間計算量が得られた理由はつぎのように説明がつく．コード 3.5 のアルゴリズムにおいて時間計算量に実質的に貢献するのは関数 merge の実行時間である．いま，マージされる系列の長さは $1, 2, 4, \ldots, n/2$ の $\log_2 n$ 種類である（図 3.2）．長さ i の二つの系列のマージは全部で $n/2i$ 回行われるので，その時間の合計は $O(i) \times n/2i = O(n)$ である．したがって，アルゴリズム全体の時間計算量は $O(n \log n)$ となる．

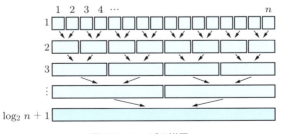

図 3.2 マージの様子

さて，マージソートでは n 個の数値をソートするという問題に対し，まず，$n/2$ 個ずつの数値をソートするという二つの問題に分割しておのおのの解を求め，つぎに，それらの解を合成することによりもとの問題の解を得ている．このように，解くべき問題をいくつかの部分問題に分割し，それらの部分問題の解を統合してもとの問題の解を得るという方法は**分割統治法**とよばれる．分割統治法は効率のよいアルゴリズムを構成するときによく用いられる強力な技法である．アルゴリズム構成の一般的な技法については第 8 章で解説する．

なお，比較を用いたソーティングでは必ず $O(n \log n)$ 回の比較が必要であることが証明できる（演習問題 3.9）．この意味で，ここで紹介したマージソートは最良のアルゴリズムである．

3.4 • クイックソート

クイックソート (quick sort) もマージソートと同様に分割統治法に基づいているアルゴリズムである．まず，長さ n の系列 $\alpha = (a_1, a_2, \ldots, a_n)$ を先頭の数値 a_1 を基準にして，つぎのように二つの系列 α_1, α_2 に分割する．

α_1：a_1 と同じか a_1 より小さい数値からなる系列

α_2：a_1 と同じか a_1 より大きい数値からなる系列

このように分割し，α_1 と α_2 をそれぞれソートして得られた二つの系列を連接すれば，α のソーティングができることになる．とくに，α_1 と α_2 を配列内にこの順に置いてソートすれば系列の連接は必要がない．この様子を図 3.3 に示す．α_1 と α_2 のソーティングはいまと同じ処理を繰り返し行えばよいので，関数の再帰呼び出しにより実行できる．このアルゴリズムをコード 3.6 に示す．ここで，`qsort(a, p, q)` は配列 $a[p..q]$ に入っている系列をソートする関数である（$p = q$ のときには何もせずに終了することに注意）．`partition(a, p, q, j, i)` は配列 $a[p..q]$ に入っている系列を $a[p]$ を基準にして二つに分割する関数である．$a[p]$ と同じか $a[p]$ より小さい数値が $a[p..j]$

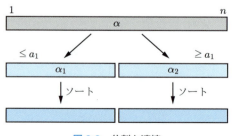

図 3.3 分割と連接

```
void partition(int a[], int p, int q, int *jp, int *ip)  /* a[p..q]を分割する */
{
    int i, j, s;

    i = p;
    j = q;
    s = a[p];
    while (i <= j){
        while (a[i] < s) ++i;
        while (a[j] > s) --j;
        if (i <= j){
            swap(&a[i] ,&a[j]);
            ++i;
            --j;
        }
    }
    *jp = j;
    *ip = i;
}

void qsort(int a[], int p, int q)     /* a[p..q]をソートする */
{
    int i, j;

    if (p < q){
        partition(a, p, q, &j, &i);
        qsort(a, p, j);
        qsort(a, i, q);
    }
}

main()
{
    int a[amax+1];
    int n;

    qsort(a, 1, n);
}
```

コード 3.6　クイックソート

に移され，$a[p]$ と同じか $a[p]$ より大きい数値が $a[i..q]$ $(i = j+1)$ に移される[†1]（$i = j+2$ となる場合があるが，このときには $a[p..j]$, $a[j+1]$ $(= a[p])$, $a[i..q]$ の三つの部分に分割される）．なお，swap はコード 2.5 で定義した関数である．このアルゴリズムは関数の呼び出し $qsort(a, 1, n)$ により実行が開始される．

[†1] 入力の配列の内部でデータの入れ替えを行っているため，余分な配列を必要としない．

例題 3.6 つぎの整数の系列をクイックソートによりソートせよ.

18　37　21　14　7　12　19　6

●解● 系列の先頭の要素（*印）を基準とする分割が再帰的に繰り返される.

(18* 37　21　14　7　12　19　6)
(6* 12　7　14) (21* 37　19　18)
(6)　(12* 7　14) (18* 19) (37* 21)
(6)　(7)　(12* 14) (18) (19) (21) (37)
(6)　(7)　(12) (14) (18) (19) (21) (37) ■

このアルゴリズムの時間計算量は $O(n^2)$ である．これは，入力の系列 $\alpha = (a_1, a_2, \ldots, a_n)$ がすでにソート済みである場合を考えてみればよい．α を上のように分割しても，α_2 には $n-1$ 個の数値が入る．よって，分割を繰り返しても系列の長さは 1 ずつしか減らない．一方，分割に要する時間は分割される系列の長さに比例するので，その総計は $n + (n-1) + (n-2) + \cdots + 2 = O(n^2)$ となる．もちろん，実際にクイックソートを使うときには，このような状況ができるだけ起きないように分割の基準となる値の決め方を工夫する（たとえば，系列中のいくつかの数値の中央値などが基準値として使われる）．

このように，最悪の場合を考えればクイックソートの時間計算量は $O(n^2)$ であるが，入力の系列としてすべての可能な並び（$n!$ 種類ある）が一様に現れると仮定した場合，平均の時間計算量は以下のようにして $O(n \log n)$ になることがわかる．これは，ソート済みの系列のような特別な場合を除き，大部分の入力については分割の繰り返しにより系列の長さが毎回ほぼ半分になるためで，マージソートのときと同様の原理による．クイックソートは，実際の応用上でもこれまでに知られているアルゴリズムの中で最も速いアルゴリズムであるといわれている．

いま，簡単のために入力の系列 α に現れる n 個の数値はおのおの異なるとし，α_1 には a_1 より小さな要素が，α_2 には a_1 より大きな要素が入るとする．α をクイックソートでソートするときの平均比較回数を $T(n)$ とする（$T(0) = T(1) = 0$ である）．α の先頭の要素 a_1 が入力の n 個の数値の中で小さい順に i 番目だとすると，α_1 と α_2 の長さはそれぞれ $i-1$ と $n-i$ になるので，これらをソートすると $T(i-1)$ と $T(n-i)$ となる．i は $1, 2, \ldots, n$ の値を同等にとる（分割が繰り返されても各系列の先頭の要素は同等に選ばれたとみなすことができる）．よって，α を二つに分割するために $n-1$ 回の比較が行われるとすると，次式が成立する．

$$T(n) = \frac{1}{n}\sum_{i=1}^{n}(T(i-1)+T(n-i)+n-1) \tag{3.2}$$

これより，$nT(n)-(n-1)T(n-1)$ を計算すると

$$nT(n)-(n+1)T(n-1) = 2(n-1) \tag{3.3}$$

が得られる．よって，

$$\frac{1}{n+1}T(n)-\frac{1}{n}T(n-1) \leq \frac{2}{n} \tag{3.4}$$

となる．この式の n に $n-1, n-2, \ldots, 1$ を代入して得られる式の左辺と右辺をそれぞれ加えるとつぎの結果が得られる．

$$T(n) \leq 2(n+1)\sum_{i=1}^{n}\frac{1}{i} \leq 2(n+1)(1+\log_e n) = O(n\log n) \tag{3.5}$$

さて，関数の再帰呼び出しによりクイックソートは簡潔に記述できたわけであるが，再帰呼び出しを使わずにアルゴリズムを書こうとするとどのようになるだろうか．クイックソートは，実質的には図 3.3 のような系列の分割を再帰的に繰り返すだけであるから，分割すべき配列の区間を覚えておくスタックを用意すればよい．このように変更したアルゴリズムをコード 3.7 に示す．ここで，partition はコード 3.6 で定義した関数で，スタックの各基本操作を行う関数はコード 2.3 で与えたとおりである．ただし，コード 2.3 においては item のデータ型が char であったが，ここではコード 3.8 で定義する構造体（interval）に変更する．つまり，このアルゴリズムでは，配列の区間 $a[l..r]$ を配列のインデックスの対 (l,r) で表し，スタックに積んでいる．第 2 章で紹介したデータ構造を使っているため，アルゴリズムの記述が非常に簡潔になっていることがわかるであろう．

このようにして再帰呼び出しを使わずにクイックソートを実現できるが，このアルゴリズムでは，スタックの高さ[†]は最悪の場合に $O(n)$ になる．これを $O(\log n)$ にするにはつぎのようにすればよい．コード 3.7 のアルゴリズムでは区間 (p,j) と区間 (i,q) をこの順にスタックに積んでいるが，区間のサイズが大きいほうを先にスタックに積むことにすると，スタックの高さを $O(\log n)$ に抑えることができる．なぜなら，スタックに積み上られている区間は，1 個おきに見れば上に積まれる区間のサイズは下の区間のサイズの 1/2 以下であるからである．

[†] スタックに入っている要素の数．

```
void qsort2(int a[], int n)    /* a[1..n]をソートする */
{
    struct interval intvl={1, n};
    struct stack s;
    int p, q, i, j;

    initialize(&s);
    push(&s, intvl);
    while (!empty(&s)){
        intvl = top(&s);
        pop(&s);
        p = intvl.l;
        q = intvl.r;
        partition(a, p, q, &j, &i);
        if (p < j){
            intvl.l = p;
            intvl.r = j;
            push(&s, intvl)
        }
        if (i < q){
            intvl.l = i;
            intvl.r = q;
            push(&s, intvl);
        }
    }
}
```

コード 3.7　クイックソート（非再帰版）

```
struct interval{
    int l;
    int r;
};
```

コード 3.8　区間を表す構造体の定義

3.5　ヒープソート

　この章の初めに紹介した選択法を思い起こそう．選択法では，入力の系列から最小値を取り出すという操作を繰り返してソーティングを行った．このとき，最小値を見つけるのに，毎回残りの数値すべてを走査して調べていた．すなわち，最小値を見つけるのに前回までの走査で得られる情報を利用していなかった．これはいかにも無駄が多いように思われる．実際，第 2 章で紹介したヒープを使うと，飛躍的に効率を上げることが可能である．まず，空のヒープを用意し，n 個の数値をすべてヒープに挿入 (insert) する．つぎに，最小要素の取り出し (deletemin) を繰り返し，ヒー

プから取り出された順にすべての数値を並べればソーティングが完了する．これが**ヒープソート** (heap sort) とよばれるアルゴリズムである．このアルゴリズムをコード 3.9 に示す．ここで，ヒープの基本操作を行う関数はコード 2.5 で与えたものである．findmin は $O(1)$ 時間で実行でき，insert と deletemin はそれぞれ $O(\log n)$ 時間で実行できるので，ヒープソートの時間計算量は $O(n \log n)$ となる．適切なデータ構造の使用によりアルゴリズムは非常に簡潔な記述になっている．

```
void heapsort(int a[], int n)
{
    struct heap h;
    int i;

    initialize(&h);
    for (i = 1; i <= n; i++)
        insert(&h, a[i]);
    for (i = 1; i <= n; i++){
        a[i] = findmin(&h);
        deletemin(&h);
    }
}
```

コード 3.9　ヒープソート

コード 3.9 のアルゴリズムでは n 個のデータをヒープに 1 個ずつ挿入しているので，n 個の要素をすべて挿入するだけでも $O(n \log n)$ の時間を要している．n 個の要素をもつヒープを構成するのは，つぎのようにすると $O(n)$ 時間でできる．まず，ヒープの配列表現と同様にして，入力の配列 $a[1..n]$ を完全 2 分木とみなす．つまり，$a[1]$ が根で，$a[i]$ の左の子が $a[2i]$，$a[i]$ の右の子が $a[2i+1]$ である．ただし，$a[1..n]$ は入力のデータがそのまま入っているので，この 2 分木はヒープ条件を満たさない．例として図 3.4 (a) のように配列に入力データが与えられたとすると，それに対応する 2 分木は同図 (b) である．

この 2 分木をヒープにするのはつぎのように行う．2 分木の下のほうから順に部分木をヒープにしていく．いま，頂点 v の左部分木と右部分木のヒープ化まで処理が進んだとする（図 3.4 (c)）．1 段上の頂点 v を根とする木をつぎのようにしてヒープにする．頂点 v（要素 11 をもつ）は子との間でヒープ条件を満たしていない．そのため，v の左右の子のうち要素の小さいほう（要素 5）と入れ替えを行う．つまり，要素 11 が v の左の部分木に降りてくる．すると，この 11 が再び，子との間でヒープ条件が満たされなくなるので，さらに要素の交換（11 と 8）が行われる．このようにして，最初 v のところにあった要素 11 が，ヒープ条件が満たされるようになるか，または，

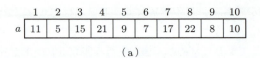

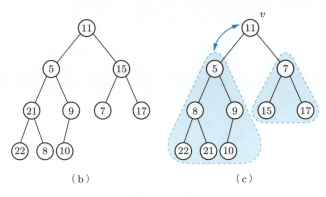

図 3.4 ヒープ化

部分木の最下段に至るまで下に降りてくる．この処理は deletemin の処理とまったく同じで，コード 3.10 のプログラムでは関数 heapify($a[\ ], i, j$) により実行される．

heapify($a[\ ], i, j$) は，頂点 $a[i]$ からその子孫へとたどりながら各時点で着目している頂点 $a[k]$ とその子 $a[l]$ ($i \leq k \leq l \leq j$) の間でヒープ条件が成立するように入れ替えを行う関数である．$a[i]$ の左右の部分木がそれぞれヒープになっていれば（つまり部分木の各頂点がヒープ条件を満たすならば），heapify($a[\ ], i, n$) の実行により $a[i]$ を根とする部分木もヒープになる．関数 makeheap は高さの低い頂点から順に heapify($a[\ ], i, n$) を適用し，与えられた配列 a をヒープにする．

heapify($a[\ ], i, n$) の実行時間は頂点 $a[i]$ の高さに比例するから，makeheap の実行時間は 2 分木の各頂点の高さの総和に比例する．2 分木では高さ k の頂点の個数はたかだか $n/2^k$ であるから，この実行時間は次式により $O(n)$ となることがわかる．

$$\sum_{k=1}^{\lfloor \log_2 n \rfloor} k \times \frac{n}{2^k} \leq n \sum_{k=1}^{\infty} \frac{k}{2^k} = 2n \tag{3.6}$$

ここで，

$$\frac{x}{(1-x)^2} = \sum_{k=1}^{\infty} k x^k \quad (|x| < 1)$$

を用いた（証明は演習問題 3.13）．

```
void heapify(int a[], int i, int j)    /* a[i]を根とする部分木をヒープにする */
{
    int k;

    k = 2 * i;
    if (k <= j){
        if (k != j && a[k] > a[k+1])
            k++;
        if (a[i] > a[k]){
            swap(&a[i], &a[k]);
            heapify(a, k, j);
        }
    }
}

void makeheap(int a[], int n)    /* a[1..n]をヒープにする */
{
    int i;

    for (i = n; 1 <= i; i--)
        heapify(a, i, n);
}

void heapsort2(int a[], int n)
{
    int i;

    makeheap(a, n);
    for (i = n; 2 <= i; i--){
        swap(&a[1], &a[i]);
        heapify(a, 1, i-1);
    }
}
```

コード3.10　ヒープソート（改良版）

この改良版のヒープソートでは deletemin(h) のかわりに，swap と heapify が用いられている．これは，ヒープから削除した要素を配列の後ろの空いている部分に並べているためで，これにより1本の配列のみでヒープソートを実現している．

演習問題 3

3.1 つぎの8個の対 $(2,5)$, $(1,4)$, $(2,3)$, $(4,1)$, $(1,3)$, $(4,4)$, $(2,4)$, $(2,1)$ をバケットソートの繰り返しにより辞書式順序に並べよ．

3.2 辞書式順序でソートするアルゴリズムが長さの異なる整数の組の集合を扱えるようにせよ．

3.3 系列 $(8, 12, 4, 3, 15, 6, 11, 25, 2, 18)$ を選択法，バブルソート，および挿入法でソートせよ．

3.4 系列 $(a_1, a_2, \ldots, a_n)$ の大部分がすでにソートされていて，残りの1個を適切な場所に移しさえすればソーティングが完了するような入力を考える．このとき，挿入法では $O(n)$ の時間で処理が完了することを示せ．また，バブルソートではどうか．

3.5 挿入法（コード3.3）のアルゴリズムに番兵（演習問題2.5）を導入し，while文の条件判定を軽減せよ．

3.6 m 行 n 列の整数行列を考える．各行ごとにその行の n 個の数値をソートし，つぎに，各列ごとにその列の m 個の数値をソートする．結果の行列の各行はソートされたままであることを証明せよ．

3.7 式 (3.1) の解が $T(n) = O(n \log n)$ であることを数学的帰納法により示せ（$n = 2^k$ とする）．

3.8 $n \neq 2^k$ のときでもマージソートの時間計算量は $O(n \log n)$ であることを示せ．

3.9 **決定木** (decision tree) とは比較に基づく計算のモデルとして用いられる根付き木である．図3.5は3個の数値 a, b, c をソートする決定木の例である．計算は根から出発し，各頂点で二つの数値の比較を行い，その結果により右または左の子に進む．計算が葉に至ると結果を出力する．比較によるソーティングアルゴリズムでは少なくとも $O(n \log n)$ 回の比較が必要となることを示せ．

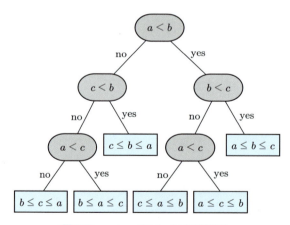

図3.5 a, b, c をソートする決定木

3.10 入力として系列 $(a_1, a_2, \ldots, a_n)$ と順列 $(p(1), p(2), \ldots, p(n))$ が与えられたとき，系列 $(a_{p(1)}, a_{p(2)}, \ldots, a_{p(n)})$ を得るアルゴリズムを書け．ただし，a_i と $p(i)$ はそれぞれの入力系列内でのみ移動可能とする．

3.11 演習問題 3.10 と同じ．ただし，平均または最大時間計算量が $O(n \log n)$ のアルゴリズムを与えよ．

3.12 次式を示せ．
$$\sum_{i=1}^{n} \frac{1}{i} \leq 1 + \log_e n$$

3.13 次式を示せ．
$$\frac{x}{(1-x)^2} = \sum_{k=1}^{\infty} k x^k \qquad (|x| < 1)$$

3.14 この章で紹介したソーティングアルゴリズムで安定なものはどれか．

第 4 章
探索のためのデータ構造

英和辞典のような辞書を計算機のメモリに収納して使用することを考える．辞書を引くとき，すなわち探したい項目名を辞書の中に見つけたいとき，辞書の先頭から順に探していく方法は効率がよいとは言えない．運がよければすぐに見つかるが，探している項目が辞書の後ろのほうにあれば見つけるまでに時間がかかる．また，探している項目がその辞書に含まれていないときには最後尾まで探してしまうので，辞書の大きさに比例する時間がかかる．我々が普通に辞書を引くときには，辞書の項目がある順序で並んでいることを利用するが，計算機による辞書の検索でもこれを積極的に利用すると効率よく実行することができる．この章では，辞書を整数の集合で代表させ，検索と更新を効率よく行うためのデータ構造を紹介する．

4.1 2分探索

S を n 個の整数の集合とし，x を任意の整数とするとき，つぎのような基本操作 member を考える．

$\quad$ member(x)：$x \in S$ であるか否かを判定する

この操作を効率よく実行するにはつぎのようにするとよい．S の要素をあらかじめソートし，配列 $a[1..n]$ に昇順に入れておく．つまり，$a[1] < a[2] < \cdots < a[n]$ とする．member(x) はつぎのように実行される．まず，S の中央値 $a[\lceil n/2 \rceil]$ と x が一致するか調べ，一致するならその旨を出力して終了する．一致しないときにはつぎの二つの場合に分けて処理をする．もし，$x < a[\lceil n/2 \rceil]$ であったなら，$a[\lceil n/2 \rceil..n]$ の中に x が入っていることはないので，探索の範囲を $a[1..\lceil n/2 \rceil - 1]$ として，その中に x が入っているかを先と同様にして調べる（すなわち，$a[1..\lceil n/2 \rceil - 1]$ に入っている要素の中央値と x の一致を調べる）．$x > a[\lceil n/2 \rceil]$ であったなら，探索の範囲を $a[\lceil n/2 \rceil + 1..n]$ として，その中に x が入っているかを先と同様にして調べる．以下，これを繰り返す（図 4.1）．このように，各段階で探索の範囲を半分にしていくので，この探索アルゴリズムは **2分探索** (binary search) とよばれる．コード 4.1 にこの操作を行う関数を示す．長さ n の系列は，2分割の繰り返しをたかだか $\lceil \log_2 n \rceil$ 回行うだけで長さが 1 の系列になるので，member(x) は $O(\log n)$ の時間で実行で

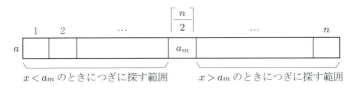

図 4.1　2 分探索

```
int member(int a[], int n, int x)    /* 2分探索 */
{
    int m, l, r;

    l = 1;
    r = n;
    do {
        m = (l + r) / 2;
        if (x < a[m])
            r = m - 1;
        else
            l = m + 1;
    } while(l <= r && x != a[m]);
    return(x == a[m]);              /* 1: found,  0: not found */
}
```

コード 4.1　2 分探索

きる．

　前述したように我々が辞書を引くときには，まず，引きたい項目の先頭の文字によって辞書内の場所を限定し，その中でおよその位置の見当をつけておいて辞書を開くというのが普通である．計算機で辞書の検索を行うときも，項目の先頭の文字によって探索範囲をあらかじめ限ったり，発見的な方法でおよその位置を求めることを探索アルゴリズムに取り入れることがよく行われる．

4.2　2 分探索木

　前節では，集合 S に対して member(x) という基本操作のみを考えたが，実際の応用では，S を更新するためにつぎのような要素の挿入と削除を行う基本操作も必要になることがある．

　　　insert(x)：$x \notin S$ なら集合 S に x を加える
　　　delete(x)：$x \in S$ なら集合 S から x を除去する

この節では，これらの三つの基本操作を効率よく実行できるデータ構造を導入する．なお，この三つの基本操作を伴うデータ構造は一般に**辞書** (dictionary) とよばれる．

配列を用いる前節の方法は要素の挿入や削除を行うには適さない．たとえば，$a[i] < x < a[i+1]$ からなる要素 x を挿入するには，x のための場所を確保するために $a[i+1]$ から $a[n]$ の内容をすべて 1 番地ずつシフトしなければならない．要素の削除についても同様のことが生じる．x と S の要素とを比較するたびに探索の範囲をせばめていくという 2 分探索の考え方に基づき，要素の挿入と削除も効率よく実行できるようにしたデータ構造がここで紹介する **2 分探索木** (binary search tree) である．

各頂点 v がたかだか二つの子をもつような根付き木は **2 分木** (binary tree) とよばれる．v の二つの子には，左の子と右の子という区別がある．2 分探索木は 2 分木の頂点に S の要素を 1 対 1 に割り当てたもので，つぎの条件を満たすものである．頂点 v に割り当てられた S の要素の大きさを v の値とよぶことにすると，各頂点 v の値は v の左の子のどの子孫の値よりも大きく，v の右の子のどの子孫の値よりも小さい[†1]．図 4.2 に 2 分探索木の例を示す．

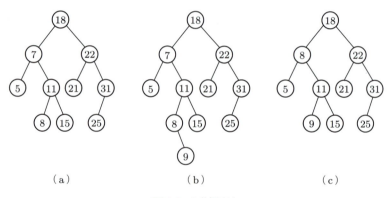

図 4.2 　2 分探索木

基本操作 member(x) はつぎのように実行される．r を 2 分探索木の根とすると，x を r の値（r.data と表記する）と比較する．これらが一致していれば終了し，そうでないときにはつぎの二つの場合に分けて処理を進める．$x < r.data$ ならば探索は r の左の子に進む．$x > r.data$ ならば探索は右の子に進む．以下，x を値とする頂点に行き当たるかまたは行き止りになるまでこれを繰り返す．member(x) を実行する関数をコード 4.2 に示す．この関数は引数として 2 分探索木の根を指すポインタと x と

[†1] このような S の要素の配置は**対称順** (symmetric order) であるという．

```
struct vertex {        /*頂点を表す構造体の定義 */
    int data;
    struct vertex *l, *r;
};


struct vertex *newv()    /* 頂点のメモリー領域を確保 */
{
    return((struct vertex *) malloc(sizeof(struct vertex)));
}


struct vertex *create()    /* 空の2分木を生成 */
{
    struct vertex *p;

    p = newv();
    p->data = 0;
    p->r = NULL;
    p->l = NULL;
    return(p);
}


int member(struct vertex *p, int x)      /* データxを探す（再帰版）*/
{
    if (p->data == x)
        return 1;
    if (p->data > x && p->l != NULL)
        return(member(p->l, x));
    if (p->data < x && p->r != NULL)
        return(member(p->r, x));
    return 0;
}
```

コード 4.2　2分探索木上の基本操作 I

を受け取る．

　struct vertex は探索木の頂点を表す構造体の定義である．頂点 v に対応する構造体は，S の要素を格納する部分 (v.data) と左右の子を指す二つのポインタ (v.l と v.r) とからなる．また，関数 create はダミー頂点のみからなる空の探索木を作り出す．ダミー頂点は基本操作のプログラムを簡潔にする理由で使われている．探索木の根 r を指すポインタ変数が実際に示しているのはダミー頂点で，ダミー頂点の右の子が本物の r である．ダミー頂点の data 部には S の要素となりうるものより小さい値（ここでは 0 としている）が入っている．

基本操作 insert(x) は member(x) と同様な方法で2分探索木を探索し，最後に訪れた頂点の適切な側に新たな子をつけ加え，そこに x を格納する．insert(x) を実行する関数をコード 4.3 に示す．

```
void insert(struct vertex *p, int x)     /* 2分木にxを挿入 */
{
    struct vertex *pt;

    if (p->data > x && p->l != NULL)
        return(insert(p->l, x));
    if (p->data < x && p->r != NULL)
        return(insert(p->r, x));
    pt = newv();
    pt->data = x;
    pt->l = pt->r = NULL;
    if (p->data > x)
        p->l = pt;
    else
        p->r = pt;
}
```

コード 4.3　2分探索木上の基本操作 II

[例 4.1]　図 4.2 (a) の2分探索木に対し，insert(9) を実行した結果は同図 (b) のようになる．　∎

基本操作 delete(x) は少し込み入っている．まず，member(x) と同様にして x が入っている頂点 v を見つける．v が葉ならば v を取り除き終了する．v が葉ではないがちょうど1個の子 v' をもつときは v の親 u を v' の新たな親にして，v を取り除く（図 4.3 (a)）．v が2個の子をもつときは，x のつぎに大きい S の要素を探すために，v の右の子を出発点としてそこから左の子を繰り返したどる．行き着いた先の頂点 w に割り当てられている要素が x のつぎに大きい要素なので，これを v に割り当てる．w が葉であったなら w を除去し終了する．葉でないときには w はちょうど一つの子 w' をもつので，w の親 u を w' の親にして，w を取り除く（図 4.3 (b)）．コード 4.4 に delete(x) を実行する関数を示す．この関数は x が S に入っている場合のみを想定している．x が S に入っていない場合にも対応できるようにするには，番兵（演習問題 2.5）を導入すると便利である（演習問題 4.5）．

[例 4.2]　図 4.2 (b) の2分探索木に対し，delete(7) を実行した結果は同図 (c) のようになる．　∎

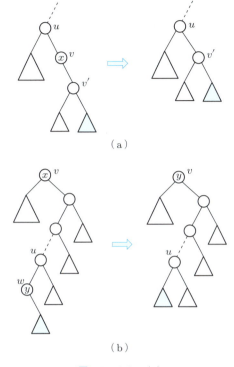

図 4.3 delete(x)

　member(x) では根から葉に向かって探索が進むだけなので，この操作は最悪の場合でも木の高さに比例する時間で実行できる．頂点の挿入や削除にともなうポインタ操作は一定時間でできるので，insert(x) と delete(x) の実行時間も木の高さに比例する．したがって，これらの基本操作を効率よく実行するには高さができるだけ低くなるような探索木が望ましい．そのためには，木の左右のバランスがとれている（すなわち，各頂点について左右の部分木の頂点数ができるだけ同じである）ことが望ましい．頂点数を n とすると，バランスがとれた 2 分木の高さは $\lfloor \log_2 n \rfloor$ なので，member(x), insert(x), delete(x) の実行がそれぞれ $O(\log n)$ の時間でできることになる．各頂点の左右の子の子孫の数が等しいということは，前節の 2 分探索で，x と配列内の S の要素を比較するときに，毎回，探索すべき範囲の中央値と x を比較することに対応している．

　空の 2 分探索木に n 個の要素を小さい（または大きい）順に挿入した場合を考えよう．このとき出来上がる 2 分探索木は一直線に伸びた形となり，木の高さは $O(n)$ になる．したがって，各基本操作の実行時間は最悪の場合では $O(n)$ となる．しかし，

```
void delete(struct vertex *p, int x)     /* delete(x) */
{
    struct vertex *f, *q;

    do {
        f = p;
        if (x < p->data)
            p = p->l;
        else
            p = p->r;
    } while(p != NULL && x != p->data);   /* xを探索 */
    if (p == NULL)
        return;                            /* xが見つからない */
    if (p->l == NULL || p->r == NULL){     /* 一方の子がない */
        if (p->r == NULL)
            q = p->l;
        else
            q = p->r;
        if (f->l == p)
            f->l = q;
        else
            f->r = q;
    }
    else {                                 /* 二つの子がある */
        q = p->r;
        f = q;
        while(q->l != NULL){
            f = q;
            q = q->l;
        }
        p->data = q->data;
        if (q == f)
            p->r = q->r;
        else
            f->l = q->r;
    }
}
```

コード4.4　2分探索木上の基本操作Ⅲ

　これは要素の挿入の順序を特殊な場合に想定したからで，実際の応用ではこのようなことはほとんどなく，各要素はランダムな順序で挿入されると考えてよい場合が多い．n 個の要素の挿入される順序は $n!$ 種類あるが，これらのすべてが同じ確率で起こるとしたときの各基本操作の平均実行時間は $O(\log n)$ になることが以下のような簡単な解析で示せる．したがって，初めに考えたような特殊な場合を心配する必要がないときには，コード4.2〜4.4 の各関数で辞書を実現することができる．

まず，説明の都合上，2分探索木につぎのような架空の頂点を導入する．T を n 個の頂点をもつ2分探索木とすると，$n+1$ 個の架空の子を付け加えて T のもとの各頂点がちょうど二つの子をもつようにする．図 4.4 は 6 個の頂点をもつ2分探索木に 7 個の架空の子（□で示す）を付け加えた例である．これらの架空の頂点を T の**外点**とよび，もとの頂点を T の**内点**とよぶ（演習問題 4.6）．S の要素は内点にのみ割り当てられる．

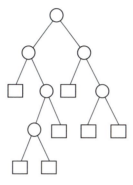

図 4.4　外点の導入

つぎに，空の2分探索木に n 個の要素 $a_1, a_2, \ldots, a_n$ をランダムな順序で挿入する．便宜上 n 個の要素はすべて異なり，$a_1 < a_2 < \cdots < a_n$ とする．このときの木の外点の深さの総和（外部路長）の期待値を求める．最初に木に挿入された要素を a_i とすると，a_i は木の根になり，その左部分木 T_l には $a_1, \ldots, a_{i-1}$ が挿入され，右部分木 T_r には $a_{i+1}, \ldots, a_n$ が挿入される（図 4.5）．

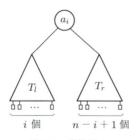

図 4.5　平均深さ

したがって，T_l は $i-1$ 個の内点と i 個の外点をもち，T_r は $n-i$ 個の内点と $n-i+1$ 個の外点をもつ．T_l と T_r への要素の挿入はやはりランダム順に行われると考えてよい．$D(n)$ を n 頂点の木の外部路長の期待値とする．最初に木に挿入される a_i は $a_1, \ldots, a_n$ を同等にとるので，次式が成立する．

$$D(n) = \frac{1}{n}\sum_{i=1}^{n}(D(i-1) + D(n-i) + n + 1) \tag{4.1}$$

右辺の $D(i-1)$ は T_l の外部路長の期待値，$D(n-i)$ は T_r の外部路長の期待値である．これらに，外点の個数 $n+1$ を加えて，a_i からの外部路長の期待値を得ている．また，$D(0) = 0$ である．

式 (4.1) の右辺を整理すると，

$$D(n) = n + 1 + \frac{2}{n}\sum_{i=1}^{n}D(i-1) \tag{4.2}$$

となる．これより，$nD(n) - (n-1)D(n-1)$ を計算すると，

$$\frac{D(n)}{n+1} - \frac{D(n-1)}{n} = \frac{2}{n+1} \tag{4.3}$$

を得る．この式の n に $n-1, n-2, \ldots, 1$ を代入して得られる $n-1$ 個の式の左辺と右辺をそれぞれ加えてつぎの結果を得る．

$$\begin{aligned}\frac{D(n)}{n+1} &= 2\sum_{i=2}^{n+1}\frac{1}{i} \leq 2\int_{1}^{n+1}\frac{1}{x}\,dx \\ &= 2\log_e(n+1) \leq 1.4\log_2(n+1)\end{aligned} \tag{4.4}$$

よって，要素がランダムに挿入されてできる 2 分探索木の外点の深さは，バランスのとれた 2 分探索木のそれより 4 割ほど増えるだけであることがわかる．

4.3 平衡 2 分探索木

この節では，要素の挿入や削除がどのような順で行われても常に各頂点の左右のバランスを保つ 2 分探索木を紹介する．このような 2 分探索木は**平衡 2 分木** (balanced binary tree) または**平衡 2 分探索木**とよばれる．n 個の頂点をもつ平衡 2 分木はその高さが $O(\log n)$ になるため，insert(x)，delete(x)，member(x) が常に $O(\log n)$ 時間で実行できる．平衡木を実現するためのデータ構造としては，頂点ごとにその左右の部分木の高さの差がたかだか 1 になるようにバランスを保つもの（**AVL 木**とよばれる）や，各頂点の子の数を 2 個以上許すもの（3 個まで許す木は **2-3 木**とよばれる．k を定数とし，子の数を k〜$2k$ の範囲で許すものは **B 木**とよばれる）などが代表的なものである．しかし，これらのデータ構造は，その原理を説明するのはさほど難し

くないにもかかわらず，それを実際のプログラムに実装しようとすると複雑なものになってしまうのが普通である．ここでは，プログラムへの実装が比較的容易な**2色木** (red-black tree) を紹介する．

2色木は2分探索木の各点につぎの三つの条件を満たすように赤か黒の色を塗ったものである．

（ⅰ）外点の色は黒である．
（ⅱ）根から外点に至るどの路も，含む黒色の頂点の個数は同じである．
（ⅲ）根から外点に至るどの路の上でも，赤い頂点が連続することはない．

[**例 4.3**]　図 4.6 に 2 色木の例を示す．この図では赤の頂点をグレーで塗って表している．　■

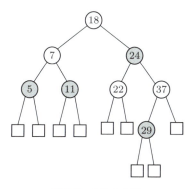

図 4.6　2 色木の例

n 個の内点をもつ 2 色木の高さは $O(\log n)$ である．なぜなら，外点の深さの最小値を d とすると，（ⅱ）より根から外点への路が含む黒の頂点は $d+1$ 個以下で，しかも，（ⅰ）と（ⅲ）よりこの路が含む赤の頂点は d 個以下なので，外点の深さは $2d+1$ より大きくなることはない．深さが d 未満の頂点はすべて内点なので，それぞれ 2 個の子をもち，$n \geq 2^d - 1$ である．これより $2d \leq 2\lfloor \log_2(n+1) \rfloor$ となるので，2 色木の高さはたかだか $2\lfloor \log_2(n+1) \rfloor + 1$ である．よって，2 色木では各基本操作が $O(\log n)$ 時間でできることになる．

問題は，insert(x) と delete(x) を実行すると上の条件（ⅰ）〜（ⅲ）を満たさなくなることがあることである．このようなときにはつぎに述べるような方法で木の変形と頂点の色の塗り替えを行う．ここでは，基本操作として member(x) と insert(x) のみを実装する．そのため，前節の 2 分探索木のデータ構造をほとんどそのまま利用できる．delete(x) については簡単な解説のみとする．delete(x) では，いくつかの場

合分けが必要で，その実装はかなり煩雑なものになる．また，木の頂点からその先祖にさかのぼる必要が生じるため，各頂点はその親へのポインタももたなければならない．プログラムへの実装は読者の演習問題とする（演習問題 4.12）．

2 色木にデータ x を挿入するときに，新たに挿入する頂点 v には赤を塗ることにする．すると，2 色木の条件（ii）に対する違反は生じない．図 4.7 (a) は図 4.6 の 2 色木にこの方針でデータ 20 を挿入したときの結果の 2 色木である．2 色木の条件（i）（ii）（iii）が満たされていることが確認できる．では，図 4.6 の 2 色木にデータ 26 を挿入するとどうだろうか．新たな頂点を挿入したときの 2 色木は図 4.7 (b) のようになる．データ 26 の頂点の親の頂点が赤なので 2 色木の条件（iii）に反する．このような事態を回避するための処理が**色の交換** (color exchange) と**回転** (rotation) である．

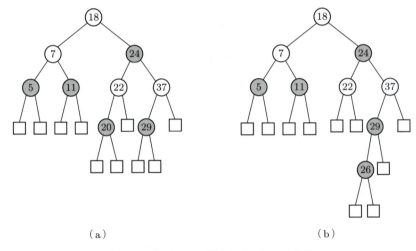

（a）　　　　　　　　　　　　　（b）

図 4.7　データ 20 の挿入とデータ 26 の挿入

色の交換は，図 4.8 のように，赤色と黒色を交換する（この図では白の頂点が黒点で，グレーの頂点が赤点を表している．また，色が変化する頂点のみを表示していて，他の部分は省略されている）．つまり，赤の兄弟があれば，それらの色を黒に変更し，

図 4.8　色の交換

親の黒を赤に変更する．このようにしても，2色木の条件（ⅱ）は保たれていることに注意しよう．色の交換を実行すると赤い頂点が木の中で上昇する．その結果，新たに色の交換が引き起こされることもある．なお，色の交換により根 r が赤になったときは，すぐに r の色を黒に戻すものとする．つまり，根は常に黒に保つものとする（r が赤から黒になると，根から外点に至るすべての路上で黒の個数が 1 増える）．

[**例 4.4**] 図 4.6 の 2 色木に色の交換を実行した 2 色木を図 4.9 (b) に示す．データ 7 の頂点とその子の間で色が交換された．この 2 色木はさらに色の交換が可能で，同図 (c) が得られる（この根は強制的に黒に戻される）．　■

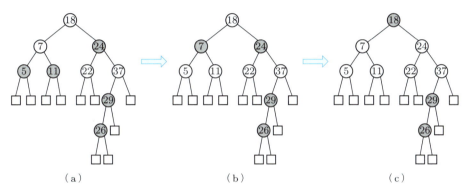

図 4.9　色の交換の例

回転は図 4.10 のような木の変形を行う操作である．頂点 a と頂点 b の下の部分木 A，B，C をこの図の (a) または (b) のようにつなぎ直す．A，B，C はそれぞれ外点のみのこともある．同図 (a) のように変換するとき，頂点 b で**右回転**をするといい，

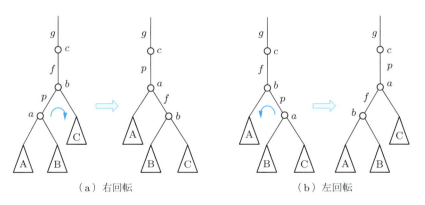

図 4.10　回　転

同図 (b) のように変換するとき，頂点 b で**左回転**をするという．いずれの回転においても，内点に割り当てられているデータの対称順はくずれないことに注意しよう．

2色木におけるデータ x の挿入は2分探索木と同様に行う．空の2色木に対して x を挿入する場合は，x を割り当てるために新たに挿入する内点 v を黒にして終了する．空でない2色木に対して x を挿入するには，まず，根から探索を開始して x が挿入される箇所（外点）を見つける．そこに新たに頂点 v を挿入し，データ x を割り当てる．この頂点 v には赤色を塗る．こうすることで，2色木の条件（ⅱ）は満たされる．v の親 u が黒であれば，insert(x) はこれで終了である．v の親 u が赤の場合，この親子は2色木の条件（ⅲ）に反する．このとき，v と u は"赤の衝突"を起こしたという．赤の衝突は色の交換で赤い色が上に登っていくときにも起きることがある．赤の衝突が起きたときは，図 4.11 のように回転を1回（または2回）適用して終了する．

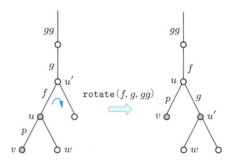

（a）f と p の向きがそろっている場合

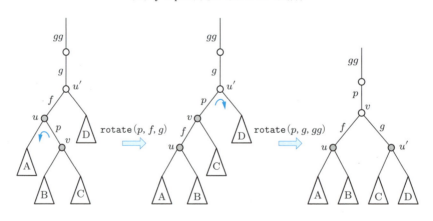

（b）f と p の向きがそろっていない場合

図 4.11　回転と二重回転

2分木の各辺 e の両端点は親と子の関係にあるが，説明の都合上，各辺には親から子に向かう方向があると考える．すると，各辺は一方の端点である親から出て，その（左または右の）子に入ることになる．2本の辺 e, f に対し，e, f がそれぞれ左の子に入っているか，またはそれぞれ右の子に入っているとき，e と f は向きがそろっているという．

図 4.11 (a) は v に入る辺 p と u に入る辺 f の向きがそろっているときで，このときは，頂点 u' で右回転を実行する．このとき，u と u' の色を変更する．p と f の向きがそろっていないときは，同図 (b) のように，2回の回転を行って赤の衝突を回避する．最初，頂点 u で左回転を実行し，つぎに頂点 u' で右回転を実行する．このとき，v と u' の色を変更する．このような2回の回転を**二重回転** (double rotation) とよぶ．このようにして赤の衝突が回避される（色の交換を実行しているので，これらの回転を実行する前には v の兄弟と u の兄弟は黒であることが保証されていることに注意しよう）．なお，この図では対称な配置は省略している．

[例 4.5] 図 4.9 (c) の2色木に回転を実行したものを図 4.12 (b) に示す．さらに，この2色木は色の交換により同図 (c) のようになる．

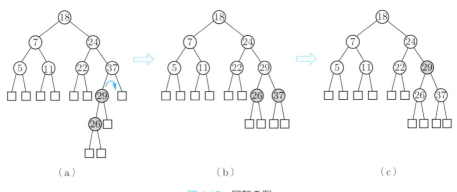

図 4.12 回転の例

●4.3.1●2色木の実装

以下では，上で述べた insert(x) を実装する．各頂点で色を覚えるために，前節の頂点を表す構造体の定義をコード 4.5 のように変更する．頂点 v の色が赤のとき，$v.\text{red} = \text{true}$ で，黒のとき $v.\text{red} = \text{false}$ である．関数 create() は，ダミー頂点のみからなる空の2色木を作り出す関数である．これは，ダミー頂点の色を黒に設定することを除き，前節の create() と同じである．関数 member(p, x) は前節と全く同じでよい．

```
struct vertex {      /* 2色木の頂点を表す構造体 */
    int data;
    int red;
    struct vertex *l, *r;
};


struct vertex *newv()     /* 頂点のメモリー領域を確保 */
{
    return((struct vertex *) malloc(sizeof(struct vertex)));
}


struct vertex *create()    /* 空の2色木を生成 */
{
    struct vertex *p;

    p = newv();
    p->data = 0;
    p->r = NULL;
    p->l = NULL;
    p->red = 0;
    return(p);
}
```

コード 4.5　**関数** create()

図 4.10 の回転を実行するのが，コード 4.6 の関数 rotate(p, f, g) である．この関数は頂点 a，a の親 b，それに b の親 c に入る 3 本の辺（に対応するポインタ）p，f，g を引数として受け取り，a が b の左の子ならば右回転，右の子ならば左回転を行う．

```
void rotate(struct vertex *p, struct vertex *f, struct vertex *g)
{
    if (f->l == p){      /* 右回転 */
        f->l = p->r;
        p->r = f;
    }
    else {               /* 左回転 */
        f->r = p->l;
        p->l = f;
    }
    if (g->l == f)
        g->l = p;
    else
        g->r = p;
}
```

コード 4.6　**関数** rotate(p, f, g)

コード 4.7 の関数 redden(rt, p, f, g, gg) は p が入る頂点 v を赤に塗る．v の左右の子が両方とも赤のときには図 4.8 の色の交換を行い，さらに，v とその親の間で赤の衝突が生じているときには図 4.11 の回転（または二重回転）を行う関数である．引数の rt は木の根を指すポインタである．

```
void redden(struct vertex *rt, struct vertex *p, struct vertex *f,
            struct vertex *g, struct vertex *gg)
{
    p->red = 1;
    if (p->l != NULL && p->r != NULL){      /* 色の交換 */
        p->l->red = 0;
        p->r->red = 0;
    }
    if (f->red == 1){                       /* 赤の衝突 */
        if ((g->l == f) == (f->l == p)){    /* 回転 */
            rotate(f, g, gg);
            f->red = 0;
            g->red = 1;
        }
        else {                              /* 二重回転 */
            rotate(p, f, g);
            rotate(p, g, gg);
            p->red = 0;
            g->red = 1;
        }
    }
    rt->r->red = 0;     /* 根を黒に保つ */
}
```

コード 4.7　色の交換と回転処理

先に述べたように，色の交換が繰り返し実行されると，赤頂点が上方に移動する．これを実装するには，子から親に向かうポインタが必要になる．このポインタの導入を避けるために，ここで与える実装では insert(x) の実行中に色の交換を実行する．コード 4.8 に示す関数 insert(rt, x) は基本的には前節と同じである．ただし，根から子孫に向かう探索の途中で，左右の子が両方とも赤の頂点を訪れたときには，色の交換を行う．x を置くための新たな頂点 v を挿入したら，v には赤色を塗る．

```
void insert(struct vertex *rt, int x)      /* 2色木にxを挿入 */
{
    struct vertex *f, *g, *gg, *p;

    p = rt;
    g = rt;
    f = rt;
    do {                                   /* xを探索 */
        gg = g;
        g = f;
        f = p;
        if (x < p->data)
            p = p->l;
        else
            p = p->r;
        if (p != NULL && p->l != NULL && p->r != NULL)
        if (p->l->red == 1 && p->r->red == 1)   /* 左右の子が両方とも赤 */
            redden(rt, p, f, g, gg);            /* 色の交換 */
    } while (p != NULL);
    p = newv();                            /* 頂点vを挿入 */
    p->data = x;
    p->l = p->r = NULL;
    if (x < f->data)
        f->l = p;
    else
        f->r = p;
    redden(rt, p, f, g, gg);               /* 頂点vに赤を塗る */
}
```

コード 4.8　関数 insert(rt, x)

● 4.3.2 ● delete(x) の概略

2色木からデータ x を削除するのも2分探索木の場合と同様に行う．根から探索を開始して x が割り振られている頂点 v を見つける．頂点 v が葉のときは v を削除する．つまり，v が新たな外点 w に置き換わる．このとき，v の色が赤であったら，v を削除しても何も問題は生じない．2色木の条件（ⅰ）（ⅱ）（ⅲ）は満たされている．v が黒だったとする．すると，v に置き換わった外点 w では黒が1個足りないという事態が生じる．このことを，"w は黒が不足している" ということにする．なお，内点 y に対して "y は黒が不足している" というのは，y の子孫である外点がどれも黒が1個不足するときをいう．

つぎに，頂点 v が葉でないとする．まず，頂点 v がちょうど1個の内点 v' を子としてもつとする（図 4.3 (a)）．すると，2色木の条件（ⅱ）と（ⅲ）より，v は黒で v' は赤である．また，v' の二つの子はともに外点である．v の親を v' の新たな親にするこ

とで v を削除し，さらに，v' を黒にする．頂点 v が 2 個の子をもつときは，v の右の子を出発点として左の子を繰り返したどる．左の子が外点であるような頂点 w に達したら，w に割り当てられたデータ y が x のつぎに大きいデータである（図 4.3 (b)）．そして，y を x に上書きする（これで x は消去された）．2 色木の条件（ii）と（iii）より，w の右の子 w' は赤の内点または外点である．w' を w の親 u の左の子にして w を削除する．w' が赤の内点であったら，これを黒に変更して終了する．w' が外点であって w が黒だったら，w' は黒が不足する．

黒が不足しているという事態を解消するために図 4.13 のような変換を実行する．この図では黒が不足している頂点 w とその周辺の頂点（w の親 y，w の兄弟 z と z の子）の色によって場合分けがしてある．黒が不足している頂点にはマイナスの記号が付いている．図 (a) は w の周辺の頂点がすべて黒の場合である．この変換は黒が不足

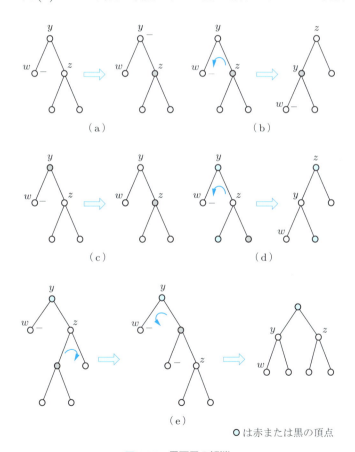

図 4.13　黒不足の解消

している頂点（マイナス記号）を上昇させる．この変換を繰り返すのが基本方針である（マイナス記号が根まで上昇すれば，そのマイナス記号は消すことができる）．w の周辺に赤の頂点がある場合は，さらにつぎのように場合分けをする．図 (b) は z が赤の場合，図 (c)〜(e) は z が黒の場合である．図 (c) は w の親 y が赤で，z の左右の子が黒の場合，図 (d) は z の右の子が赤の場合，図 (e) は z の右の子が黒で，左の子が赤の場合である．図 (a) が適用できないとき，図 (b)〜(e) のいずれかが適用できる．図 (b) の変換を適用した場合は，その後図 (c)〜(e) のどれかを 1 回適用して終了する．なお，この図でも対称な配置は省略している．

[例 4.6] 2 色木でのデータ削除の例を見てみよう．図 4.6 の 2 色木からデータ 22 を削除することを考える．削除される頂点が黒であったため，置き換わった外点では黒が足りない（図 4.14 の左の 2 色木）．すると，図 4.13 (e) の変換が適用され，図 4.14 の右の 2 色木が得られる． ■

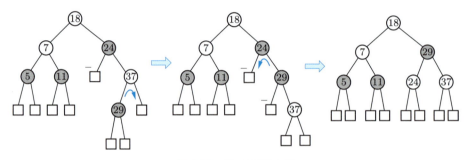

図 4.14　データ削除の例

4.4 最適 2 分探索木

前節では，最悪の場合の探索時間ができるだけ小さくなるようなデータ構造として平衡 2 分木を考えた．この節では，S の各要素の探索される確率があらかじめわかっているときに，探索時間の平均値を最小にすることを考える．平均探索コスト（探索の平均時間）で評価すると，必ずしも平衡 2 分木がよいわけではない．なぜなら，探索される確率の高い要素ほど根に近い位置に配置すれば，平均探索コストは小さくなる可能性があるからである．平均探索コストが最小になるような 2 分探索木は**最適 2 分探索木** (optimal binary search tree) とよばれ，以下で紹介する方法で構成することができる．

S の要素を小さい順に並べたものを $a_1, a_2, \ldots, a_n$ と表す．$x = a_i$ なる x について member(x) が実行される確率を α_i ($1 \leq i \leq n$) とし，$a_i < x < a_{i+1}$ なる x について member(x) が実行される確率を β_i ($0 \leq i \leq n$) とする．ただし，$a_0 = -\infty$，$a_{n+1} = \infty$ と考える．確率の性質より，α_i の総和と β_i の総和を加えると 1 になる．$x \notin S$ のときの member(x) のコストを定義するために，前節と同様に 2 分探索木のすべての頂点がちょうど二つの子をもつように $n+1$ 個の架空の子（外点）を付け加える．こうすると，$a_i < x < a_{i+1}$ なる x についての member(x) の探索は根から出発してこれらの外点の一つに至ると考えることができる．このとき，探索が到達した外点を v_i と表記する（図 4.15）．簡単のため，以下では，要素 a_i が割り当てられる頂点も a_i とよぶことにする．

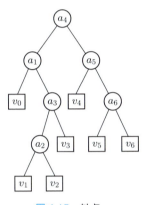

図 4.15　外点 v_i

member(x) の実行時間は探索中にたどった頂点の個数に比例する．この個数は，$x = a_i$ ならば頂点 a_i の深さより 1 だけ大きく，$a_i < x < a_{i+1}$ ならば v_i の深さに等しい．よって，2 分探索木を一つ固定すると，member(x) の実行時間の期待値 c_e は次式で表される．

$$c_e = \sum_{i=1}^{n} \alpha_i \times (\text{depth}(a_i) + 1) + \sum_{i=0}^{n} \beta_i \times \text{depth}(v_i) \tag{4.5}$$

ここで，depth(v) は頂点 v の深さである．c_e をこの 2 分探索木のコストとよぶ．最適 2 分探索木は c_e の値を最小にするような 2 分探索木のことである．

いま，S の部分集合 $\{a_i, a_{i+1}, \ldots, a_j\}$ に対する最適 2 分探索木 $T_{i,j}$ を，次式の値を最小にする 2 分探索木と定義する．

$$c_{i,j} = \sum_{p=i}^{j} \alpha_p \times (\text{depth}(a_p) + 1) + \sum_{p=i-1}^{j} \beta_p \times \text{depth}(v_p) \qquad (4.6)$$

すると，$T_{1,n}$ が S の最適 2 分探索木となる．$T_{i,j}$ の根を a_k とすると，$T_{i,j}$ の左部分木（a_k の左の子を根とする部分木）は S の部分集合 $\{a_i, a_{i+1}, \ldots, a_{k-1}\}$ に対する最適 2 分探索木 $T_{i,k-1}$ であり，右部分木は $\{a_{k+1}, a_{k+2}, \ldots, a_j\}$ に対する最適 2 分探索木 $T_{k+1,j}$ である（図 4.16）．

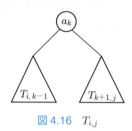

図 4.16 $T_{i,j}$

$T_{i,j}$ における a_k の深さは 0 なので，頂点 a_k の $c_{i,j}$ への貢献は α_k である．左部分木 $T_{i,k-1}$ の頂点の深さに 1 を加えたものが $T_{i,j}$ における深さなので，これらの頂点が $c_{i,j}$ に貢献する分は $c_{i,k-1} + w_{i,k-1}$ である．ただし，$w_{i,j} = \beta_{i-1} + (\alpha_i + \beta_i) + \cdots + (\alpha_j + \beta_j)$ とする．同様に，右部分木の頂点が $c_{i,j}$ に貢献する分は $c_{k+1,j} + w_{k+1,j}$ である．よって，$c_{i,j}$ はつぎのように表せる．

$$\begin{aligned} c_{i,j} &= \alpha_k + (c_{i,k-1} + w_{i,k-1}) + (c_{k+1,j} + w_{k+1,j}) \\ &= c_{i,k-1} + c_{k+1,j} + w_{i,j} \end{aligned} \qquad (4.7)$$

このことから，$T_{i,j}$ の根 $r_{i,j}$ を見つけるには，$c_{i,k-1} + c_{k+1,j}$ の値が最小になるような k を見つければよいことがわかる．また，$T_{i,i}$ は 1 個の頂点だけからなる 2 分探索木なので $c_{i,i} = w_{i,i}$ $(1 \leq i \leq n)$ である．したがって，$j - i$ の値が小さい順に $c_{i,j}$ を計算していけば，最終的に $T_{1,n}$ のコスト $c_{1,n}$ が求まる．この計算の過程で $T_{1,n}$ の各部分木の根がわかるので，$T_{1,n}$ を構成できることになる．コード 4.9 に $c_{i,j}$ を計算する関数を示す．入力の α_i $(1 \leq i \leq n)$ と β_j $(0 \leq j \leq n)$ はそれぞれ配列 $A[1..n]$ と配列 $B[0..n]$ に与えられるとしている．配列 $c[\,][\,]$，配列 $w[\,][\,]$，配列 $r[\,][\,]$ は，それぞれ，$c_{i,j}$，$w_{i,j}$，$r_{i,j}$ を格納するための 2 次元配列である．C 言語では関数の引数宣言では列の次元を与える必要がある．ここでは，例題 4.1 に合わせて 5 としている．

この関数の時間計算量が $O(n^3)$ であるのは，9 行目と 10 行目の for 文が 2 重になっていて 14～19 行目が $O(n)$ で実行できることから明らかであろう．また，大き

```
1  void calctable(float A[], float B[], float c[][5], float w[][5],
                  int r[][5], int n)
2  {
3      int i, j, k, l, m;
4      float temp;

5      for (i = 0; i <= n; i++){
6          c[i+1][i] = 0;
7          w[i+1][i] = B[i];
8      }
9      for (l = 0; l <= n-1; l++){
10         for (i = 1; i <= n-l; i++){
11             j = i+l;
12             w[i][j] = w[i][j-1] + A[j] + B[j];
13             temp=1000.0;
14             for (k = i; k <= j; k++){
15                 if (temp > c[i][k-1] + c[k+1][j]){
16                     temp = c[i][k-1] + c[k+1][j];
17                     m = k;
18                 }
19             }
20             c[i][j] = w[i][j] + c[i][m-1] + c[m+1][j];
21             r[i][j] = m;
22         }
23     }
24 }
```

コード 4.9　最適 2 分探索木のコストを計算する関数

さが $(n+1) \times (n+1)$ の 2 次元配列を使用しているので，領域計算量は $O(n^2)$ である．

例題 4.1　α_i と β_i が以下の値のとき，$c_{i,j}$ と $r_{i,j}$ ($1 \leq i \leq j \leq 4$) を計算せよ．

$$\beta_0 = 0.05, \quad \alpha_1 = 0.22, \quad \beta_1 = 0.05, \quad \alpha_2 = 0.18, \quad \beta_2 = 0.07,$$
$$\alpha_3 = 0.11, \quad \beta_3 = 0.02, \quad \alpha_4 = 0.25, \quad \beta_4 = 0.05$$

●解●　図 4.17 (a) のように計算される．最適 2 分木は同図 (b) のようになる．■

上の例題 4.1 からもわかるように，このアルゴリズムはちょうど図 4.17 (a) のような表の上の行から順に各行の要素の値を計算していると考えることができる．一度計算されて k 行目に書き込まれた値はそれより下の行の計算のときに用いられる．このため，後の計算でその値が必要になるたびに同じ計算を繰り返すという無駄が避けら

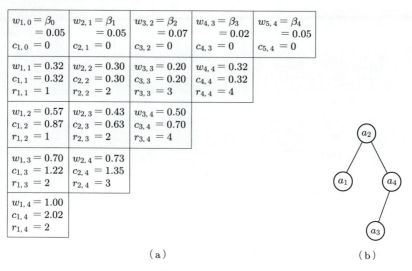

図 4.17 $c_{i,j}$ の計算

れている．このように，一度計算された途中結果を表として覚えておき，後の計算でその値が必要になったときには表を引くという方法は，一般に**動的計画法**とよばれ，アルゴリズム設計の一般的技法である．詳しくは第 8 章を参照されたい．

図 4.17 (a) の表から実際に最適 2 分探索木を作り上げるのは容易にできる．コード 4.10 にその関数を示す．

```
struct vertex *maketree(int r[][5], int i, int j)    /* 最適2分木の作成 */
{
    struct vertex *p;
    int m;

    if (i > j)
        return(NULL);
    else {
        p = newv();
        m = r[i][j];
        p->data = m;
        p->l = maketree(r, i, m-1);
        p->r = maketree(r, m+1, j);
        return(p);
    }
}
```

コード 4.10　最適 2 分探索木の作成

関数の呼び出しはつぎのようにすればよい．

```
root = create();      /* コード4.2参照 */
root->r = maketree(r, 1, n);
```

さて，関数 calctable の 14～19 行目で，$c_{i,k-1} + c_{k+1,j}$ の値を最小にする k を探しているが，このとき，$i \leq k \leq j$ の範囲で k を変化させている．しかし，$r_{i,j-1} \leq k \leq r_{i+1,j}$ ということが知られている[15,17]（演習問題 4.16）．そこで，14 行目をつぎのように変更できる．

```
for (k = r[i][j-1]; k <= r[i+1][j]; k++){
```

このように変更したときの 14～19 行目の計算時間を積算するとつぎのようになる．

$$\sum_{l=0}^{n-1}\sum_{i=0}^{n-l}(r_{i+1,i+l} - r_{i,i+l-1}) = \sum_{l=0}^{n-1}(r_{n,n-l+1} - r_{1,l}) \leq \sum_{l=0}^{n-1} n = n^2$$

したがって，関数 calctable の実行時間を $O(n^3)$ から $O(n^2)$ に下げることができる．

4.5 ハッシング

4.2 節では，member(x)，insert(x)，delete(x) の 3 種類の基本操作を効率よく実行するためのデータ構造として 2 分探索木を導入し，木のバランスがうまくとれるときには各基本操作の実行時間は $O(\log n)$ になることを学んだ．ここで紹介する**ハッシング** (hashing) とよばれる技法は，これら三つの基本操作を平均的に $O(1)$ 時間で実行できるデータ構造を与える．

S の要素となりうる値は非負の整数で，ある値 u を超えないものとする．u があまり大きくないならば，配列 $a[0..u]$ を用意すればよい．つまり，$x \in S$ のとき，$a[x] = 1$ とし，$x \notin S$ のとき $a[x] = 0$ となるようにして S を表せば，上の三つの基本操作はそれぞれ $O(1)$ の時間で実行できる．しかし，u が S の要素数 n に比べて非常に大きいときには，このように配列で S を表すことは，記憶領域の使用効率からみて得策ではないし，不可能な場合も多い．このようなとき，区間 $[0,u]$ の整数を区間 $[0,m-1]$ ($m \ll u$) に入る整数に変換する関数 h（**ハッシュ関数**とよばれる）を用意する．つぎに，m 個のリストを用意し，各リストの先頭を差すポインタを配列 $a[0..m-1]$ に入れる．S の各要素 x は $a[h(x)]$ に入っているポインタが指しているリストに入る（図 4.18）．配列 $a[\ ]$ と m 個のリストをあわせて**ハッシュ表** (hash

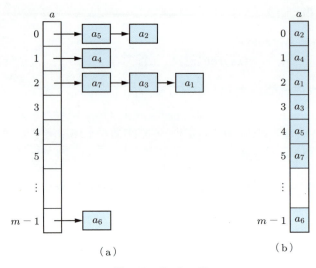

図 4.18 ハッシュ表

table) とよぶ．

member(x) はつぎのように実行される．まず $h(x)$ を計算し，つぎに $a[h(x)]$ が指しているリストを先頭の要素から順に調べ，x が入っているか否かを判定する．insert(x) は $a[h(x)]$ が指しているリストの先頭に x を挿入すればよいし，delete(x) は $a[h(x)]$ が指しているリスト内に x を見つけそれを除去する．したがって，$h(x)$ の計算を除けば，insert(x) は $O(1)$ の時間で実行でき，他の二つの基本操作は $a[h(x)]$ が指しているリストの長さに比例する時間で実行できる．

ハッシュ関数 $h(x)$ が備えるべき性質は，高速な計算が可能であることと，S の要素となりうる整数 x に対して $h(x)$ の値が 0 から $m-1$ の範囲にできるだけ偏りなく分布することである．ハッシングの名前の由来は，$h(x)$ の値の分布が均一になるように，0 から u の範囲の数を $h(x)$ によってごちゃまぜにし (hash)，区間 $[0..m-1]$ に写すことにある．$h(x)$ がこのような性質をもてば，平均的には一つのリストの長さは n/m となる．一般に，m は n より大きな値が選ばれるので，各リストの平均の長さは 1 以下となり，上の三つの基本操作の平均実行時間はそれぞれ $O(1)$ となる．$x \in S$ なるすべての x について $h(x)$ が同じ値になるときが最悪の場合である．このとき，S の要素はすべて一つのリストに入ってしまい，member(x) と delete(x) の実行時間は $O(n)$ となる．

よく用いられるハッシュ関数としては，$h(x) \equiv x \bmod m$ という式で計算される関数がある．ここで，$x \bmod m$ は x を m で除した余りをとる演算で，計算は容易である．コンパイラの記号表や UNIX オペレーティングシステムのコマンド表の検索

にはハッシングが用いられている．そのような応用では対象となるデータが文字列なので，その内部コードを数値 x とみなす．このようなとき，m の値によっては $h(x)$ の値が偏ってしまう場合がある．たとえば，$m = 2^8$ とすると，最下位の1バイトが同じ文字列はハッシュ値がすべて同じになる．8ビットで1文字を表す場合には，最後の1文字だけでハッシュ値が決まることになり偏りが生じやすい．ハッシュ関数の値は文字列のすべての文字に依存するようにしたいので，m としては2のべきは避けることになる．ただし，$m = 2^8 - 1$ のような数もまずいことが生じる．たとえば "algorithm" と "logarithm" が同じハッシュ値になる（理由は演習問題 4.17 を参照）．一般には，m を2のべきに近くない素数に選ぶと，$h(x)$ がよい性能を示すといわれている[6, 15]．

[例 4.7] $m = 257$ として $h(\text{"table"})$ を計算してみる．"table" の ASCII 符号による内部表現は 7461626C65 である．これを16進数とみて，$(7461626C65)_{16} \bmod 257 = 110$ がハッシュ値である．　■

コード 4.11 にハッシングの基本操作を行う関数を示す．この中で用いられている create，insert，deleteall，それに member は，第2章とその演習問題で作ったリストの基本操作のための関数である．ただし，ここではリストの要素は整数であるとしている．

m を n より大きくすると，リストの平均長さ n/m は1より小さくなる．そこで，リストを用いずに，S の要素を直接に配列 $a[0..m-1]$ に格納することが考えられる．この方式を**開番地法** (open addressing) という．これに対し，上で紹介したリストを用いるハッシングを**チェイン法** (chaining) という．開番地法では，運が悪いと，要素 x をハッシュ表に挿入しようとするとき，すでにハッシュ表のスロット $a[h(x)]$ が他の要素 x' によって占有されていることがある．つまり，$a[h(x)] = a[h(x')]$ となった場合である．このような**衝突** (collision) が発生したときには，$a[h(x)+1]$，$a[h(x)+2], \ldots$ を順に調べ，最初に見つけた空スロットに x を入れることにする．つまり，$h_i(x) = (h(x) + i) \bmod m$ として，**探査列** (probe sequence) $h_0(x), h_1(x), h_2(x), \ldots, h_{m-1}(x)$ を調べていき，最初に見つけた空きスロットに x を入れるのである．このような探査の仕方を**線形探査** (linear probing) という．

図 4.18 (b) は，同図 (a) と同じハッシュ関数を用いて開番地法で要素を $a_1, a_2, \ldots, a_7$ の順に挿入したものである．a_1 と a_2 はそれぞれ，$h(a_1) = 2$，$h(a_2) = 0$ なので，配列の $a[2]$ と $a[0]$ に配置される．つぎの a_3 は $h(a_3) = 2$ で a_1 と衝突する．そのため，$a[2]$ から配列を下に見ていくと $a[3]$ に空きがあるので，そこに配置する．a_4 は

```
int h(int x)           /* ハッシュ関数 */
{
    return(x % m);
}


void initializehash(struct element *a[])    /* ハッシュ表の初期化 */
{
    int i;

    for (i = 0; i <= m-1; i++)
        a[i] = create();
}


void inserthash(struct element *a[], int x)    /* ハッシュ表にxを挿入 */
{
    insert(a[h(x)], 1, x);
}


void deletehash(struct element *a[], int x)    /* ハッシュ表からxを削除 */
{
    int i;

    for (i = 0; i < m; i++)
        deleteall(a[i], x);
}


int memberhash(struct element *a[], int x)    /* ハッシュ表にxがあるか */
{
    return(member(a[h(x)], x));
}
```

コード4.11　ハッシングの基本操作

$h(a_4) = 1$ より $a[1]$ に配置される．つぎの a_5 は，$h(a_5) = 0$ なので，a_2 と衝突する．このときは，$a[0]$ から下に見ていって最初に見つける空きが $a[4]$ なので，そこに配置する．このようにして，a_6 は $a[m-1]$ に配置され，最後に a_7 が $a[5]$ に配置される．

deletehash(x) はつぎのように実行される．まず $a[h(x)]$ を調べる．$a[h(x)] \neq x$ ならば，$a[h(x)+1], a[h(x)+2], \ldots$ を順に調べていく．x を見つければそこで終了し，x に出会わずに空スロットに達したら "$x \notin S$" と報告する．

deletehash(x) は上のようにして x を見つけ削除するが，x の入っていたスロットをもともとの空スロットと区別するための記号 "deleted" を付す．memberhash(x)

演習問題 4

4.1 コード 4.1 の 2 分探索において，探索範囲内における x のおよその位置を発見的な方法で求めることにより，探索効率の向上を図れ．

4.2 空の 2 分探索木に 10 個の整数 27，42，30，15，10，8，22，11，48，25 をこの順序に挿入したときの結果の木を図示せよ．

4.3 演習問題 4.2 で構成した 2 分探索木から 3 個の整数 15，11，10 をこの順序に削除したときの結果の木を図示せよ．

4.4* n 個の頂点をもつ 2 分探索木の種類 b_n をつぎのようにして求めよ．
  （a）$b_n = \sum_{i=0}^{n-1} b_i b_{n-i-1}$ であることを示せ（ただし，$b_0 = 1$ とする）．
  （b）$B(x) = b_0 + b_1 x^1 + \cdots + b_n x^n + \cdots$ なる関数を考える（数列 b_n の**母関数**という）．$B(x) = (1 \pm \sqrt{1-4x})/2x$ となることを導け．
  （c）つぎのテイラー (Taylor) 展開を利用し，$b_n = {}_{2n}C_n/(n+1)$ であることを示せ（この数は $n+1$ 個の記号からなる列に括弧を付けるときの，付け方の総数でもあり，**カタラン (Catalan) 数**とよばれる）．

$$\sqrt{1+a} = 1 + \frac{1}{2}a + \left(\frac{1}{2!}\right)\frac{1}{2}\left(\frac{1}{2}-1\right)a^2 + \left(\frac{1}{3!}\right)\frac{1}{2}\left(\frac{1}{2}-1\right)\left(\frac{1}{2}-2\right)a^3 + \cdots$$

4.5 コード 4.2〜4.4 で実装される 2 分探索木に番兵（演習問題 2.5）を導入せよ．[**ヒント**：番兵用に 1 個の頂点を用意し，2 分探索木の葉に番兵を指すポインタをもたせる．]

4.6 n 個の内点をもつ 2 分探索木の外点の個数は $n+1$ であることを示せ．

4.7 空の 2 分探索木に n 個の要素 $a_1 < a_2 < \cdots < a_n$ をランダムな順序で挿入する．最初に木に挿入される要素を a_i とすると，a_i を根とする（根のみの）2 分探索木ができる．その後挿入される $a_1, \ldots, a_{i-1}$ は根の左部分木に挿入されるが，これらの要素の挿入はランダムな順序であることを示せ．

4.8 コード 4.12 のプログラムはそれぞれ 2 分木 T の頂点をすべて訪れるための関数である．T の根から出発して各関数で T の頂点を訪れるとき，それぞれ，**先行順** (preorder)，**中間順** (inorder)，**後行順** (postorder) に T を走査するという．図 4.2 (a) の 2 分探索木を先行順，中間順，後行順に走査し，各頂点を訪れた順番を記せ．

4.9 コード 4.13 のプログラムは 2 分探索木を印刷する関数である．図 4.2 (a) の 2 分探索木にこの関数を実行したときの出力を図示せよ．

```
void preorder(struct vertex *p)     /* 先行順 */
{
    if (p != NULL){
        printf("%d  ", p->data);
        preorder(p->l);
        preorder(p->r);
    }
}

void inorder(struct vertex *p)      /* 中間順 */
{
    if (p != NULL){
        inorder(p->l);
        printf("%d  ", p->data);
        inorder(p->r);
    }
}

void postorder(struct vertex *p)    /* 後行順 */
{
    if (p != NULL){
        postorder(p->l);
        postorder(p->r);
        printf("%d  ", p->data);
    }
}
```

コード 4.12　2分木を走査する関数

```
void printtree(struct vertex *p, int d)    /* 2分木の簡易印刷 */
{
    if (p != NULL){
        d++;
        printtree(p->r, d);
        printf("%*s%5d\n", 3*d, " ", p->data);    /* 3d個の空白 */
        printtree(p->l, d);
    }
}

void main()
{
    printtree(root->r, 0);
}
```

コード 4.13　2分木の印刷を行う関数

4.10 先行順で2分木 T を走査するというのは,まず T の根を訪れ,つぎに左部分木を先行順に走査し,さらに右部分木を走査することである.これを2分木以外の一般の根付き木に拡張せよ.同様に,後行順の走査を一般の根付き木に拡張せよ.

4.11 空の2色木に6個の整数 42, 30, 15, 27, 29, 52 をこの順に挿入したときの結果の木を図示せよ.

4.12* 2色木の基本操作 delete(x) を実行する関数を書け.

4.13 演習問題 4.11 で構成した2色木から3個の整数 15, 12, 52 をこの順に削除したときの結果の木を図示せよ.

4.14 α_i と β_i が以下の値のとき,図 4.17 のような表を作り,$T_{i,j}$ のコスト $c_{i,j}$ と根 $r_{i,j}$ ($1 \leq i \leq j \leq 5$) を計算せよ.

$$\beta_0 = 0.05, \quad \alpha_1 = 0.11, \quad \beta_1 = 0.05, \quad \alpha_2 = 0.22, \quad \beta_2 = 0.07,$$
$$\alpha_3 = 0.08, \quad \beta_3 = 0.02, \quad \alpha_4 = 0.21, \quad \beta_4 = 0.05, \quad \alpha_5 = 0.12, \quad \beta_5 = 0.02$$

4.15 演習問題 4.14 で作成した表から最適2分探索木を構成し,図示せよ.

4.16* コード 4.9 の関数 calctable の 14 行目で,k が変化する範囲が $r_{i,j-1} \leq k \leq r_{i+1,j}$ でよいことを証明せよ.

4.17 文字列の各文字が p ビットの2進数で表され,x は文字列 α を基数 2^p で整数に変換した値とする.ハッシュ関数が $h(x) \equiv x \bmod m$ で,$m = 2^p - 1$ だとすると,α の順列(文字の順番を入れ替えてできる文字列)α' もハッシュ値は α と同じになることを示せ.

4.18 データ 10, 19, 5, 21, 17, 16, 8 をこの順にハッシュ表に挿入する.ハッシュ表のサイズを $m = 5$ としてチェイン法を用いる場合に,データはどのような配置になるか.ハッシュ関数は $h(x) \equiv x \bmod m$ とせよ.

4.19 ハッシュ表のサイズを m とし,$|S| = n$ としてチェイン法を用いる場合を考える.データは $0 \leq x \leq u$ の範囲にあるとする.また,$u > mn$ とする.このとき,どのようなハッシュ関数を用いても,最悪の場合,n 個のデータがすべて一つのリストに入ることがあることを示せ.

4.20 データ 10, 19, 5, 21, 17, 16, 8 をこの順にハッシュ表に挿入する.ハッシュ表のサイズを $m = 8$ として開番地法を用いる場合に,データはどのような配置になるか.ハッシュ関数は $h(x) \equiv x \bmod m$ とし,線形探査を用いよ.

4.21 開番地法のハッシングを考案し,計算機上に実現せよ.

第5章
ストリングマッチング

ストリングマッチング (string matching) とは，比較的長い文字列 t の中に別のある文字列 p が現れるか否かを判定し，もし p が現れるならばその位置を見つけるという処理のことである．テキストの編集やデータ検索などで必要とされる基本的な処理の一つである．この章では，ストリングマッチングを非常に効率よく実行するクヌース・モーリス・プラット (Knuth-Morris-Pratt) のアルゴリズムとボイヤー・ムーア (Boyer-Moore) のアルゴリズムを紹介する．

5.1 素朴なアルゴリズム

まず，ストリングマッチングをもう少し詳しく説明しよう．入力は二つの文字列 $t = t_1 t_2 \cdots t_n$, $p = p_1 p_2 \cdots p_m$ $(n \geq m)$ である．t は**テキストストリング** (text string)，p は**パターン** (pattern) とよばれ，各 t_i, p_i はあるアルファベットから選ばれた文字である．いま，$p_1 p_2 \cdots p_m = t_j t_{j+1} \cdots t_{j+m-1}$ となる j があるとき，p は位置 j で t に照合 (match) するという．ストリングマッチングは，このような j が存在するか否かを判定し，もし存在するならば，その中で最も小さい j，あるいはすべての j を見つける処理である．ここでは，最も小さい j を見つけるアルゴリズムを紹介するが，これを改良してすべての j を見つけるようにするのは容易なので，読者への演習問題とする（演習問題 5.1）．

[**例 5.1**] $t = $ string matching, $p = $ ing とすると，p は位置 $j = 4$ と $j = 13$ で t に照合する． ∎

ストリングマッチングを行うアルゴリズムとしてすぐに思いつくのは，つぎのようなものであろう．図 5.1 のように p と t を並べ，$p_1, p_2, \ldots, p_m$ の順にそれぞれ対応する t の文字との一致を調べる．途中で不一致が見つかったら p を右に 1 文字分だけずらし，再び $p_1, p_2, \ldots, p_m$ の順に対応する t の文字との一致を調べる．これを，p に一致する t の部分列が見つかるか，または p が t の右端にくるまで繰り返すというものである．このアルゴリズムをコード 5.1 に示す．ただし，t と p はそれぞれ配列 $t[1..n]$ と $p[1..m]$ に入っているとする（つまり，t の文字 t_i は $t[i]$ に入っており，

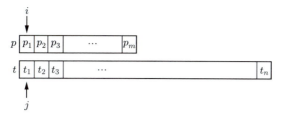

図 5.1　ストリングマッチング

```
void stringmatching(char p[], char t[], int m, int n)
{
    int i = 1, j = 1;

    while(i <= m && j <= n)
        if (p[i] == t[j]){
            i++;
            j++;
        }
        else {
            j = j - i + 2;
            i = 1;
        }
    if (i == m+1)
        printf("Found at %d\n", j-m);
    else
        printf("Not found\n");
}
```

コード 5.1　ストリングマッチングの素朴なアルゴリズム

p の文字 p_i は $p[i]$ に入っている）．また，文字どうしの一致を調べるとき，着目している p と t の文字の位置をそれぞれポインタ i と j が指している．

このアルゴリズムの時間計算量が $O(mn)$ であるのはほぼ明らかであろう．p を右にずらす回数は最悪の場合 $O(n)$ である．また，p を右に 1 回ずらすごとに，p の各文字 p_i と t の文字との一致を調べるが，この時間は最悪の場合 $O(m)$ である．したがって，$O(mn)$ の時間が必要となる．

実際の文章処理やデータ検索においてストリングマッチングを行う場合には，テキストストリングがかなり長くなることはあってもパターンの長さは比較的短いことが多く，しかも，パターン p の先頭部分がテキストストリングの中に何度も重なって現れるようなことはまれである．このようなときには，この素朴なアルゴリズムを用いても，パターン p をずらすごとに $O(m)$ 回もの文字の比較が行われることはほとんどなく，p の長さには無関係に，ほぼテキストストリングの長さに比例する時間でスト

リングマッチングが行える．したがって，この素朴なアルゴリズムでも十分に実用になることも多いと思われる．しかし，最悪の場合でも線形時間，すなわち $O(n+m)$ の計算時間でストリングマッチングを行うことは可能であろうかというのは理論的に興味がある．実際，それは可能で，つぎに紹介する工夫されたアルゴリズムでは線形の実行時間が保証される．

5.2 クヌース・モーリス・プラットのアルゴリズム

前節で述べた素朴なアルゴリズムをもう少し注意深く見てみよう．$p_1, p_2, \ldots, p_{i-1}$ と順に対応する t の文字との一致を調べてきて，つぎに p_i とその対応する t の文字 t_j とを比較したときに不一致が見つかったとする（図 5.2 (a)）．

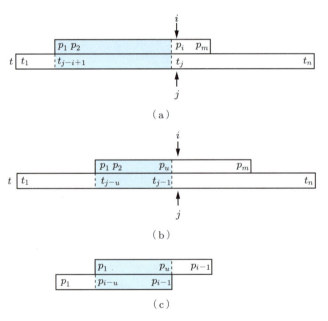

図 5.2　パターンのシフト

素朴なアルゴリズムでは，p を右に 1 文字分だけずらし，再び $p_1, p_2, \ldots$ の順に各 p_i とその対応する t の文字とが一致しているかを調べていく（コード 5.1 で j を $j-i+2$ に，i を 1 まで戻している）．いま，p を 1 文字分だけでなく，もっと右にずらせるなら，アルゴリズムの効率は向上するはずである．注意すべきことは，図 5.2 (a) で，$p_1, p_2, \ldots, p_{i-1}$ の各文字はそれらの真下の t の文字と一致していることである．すなわち，$p_1 p_2 \cdots p_{i-1} = t_{j-i+1} t_{j-i+2} \cdots t_{j-1}$ であり，この情報を有効に使って p

をできるだけ右にずらそうというわけである．p を何文字分か右にずらしたとき，ポインタ j より左の t の文字と重なっている p の文字の個数を u $(0 \leq u \leq i-1)$ とする（図 5.2 (b)）．すると，文字列 $p_1 p_2 \cdots p_u$ がその真下の t の部分列と初めて一致するところまで p を右にずらすことができる．なぜなら，$p_1, p_2, \ldots, p_u$ の中に 1 個でも真下の t の文字と一致しないものがあれば，その位置での p は t と照合しえないからである（このときの u はつぎのようにしてパターン p のみから求めることができる．p の先頭の $i-1$ 文字からなる文字列を二つ上下に重ね一方を右にずらしていき（図 5.2 (c)），重なっている部分が初めて一致するときの，重なり部分の長さが u である．すなわち，$p_1 p_2 \cdots p_u = p_{i-u} p_{i-u+1} \cdots p_{i-1}$ となる最大の u である）．しかも，ここまで p をずらしたとき，$p_1, p_2, \ldots, p_u$ のそれぞれは真下の t の文字と一致しているので，つぎに p と t の文字の一致を調べるのは p_{u+1} と t_j からである．したがって，ポインタ i を $u+1$ にするだけでポインタ j を左に戻す必要がない．なお，$u=0$ のときには p を $i-1$ 文字分右にずらすことになる．

[例 5.2] $p = $ abcabac，$t = $ ababcababcabac の場合を見てみよう．まず，p と t を下のように並べ，t の左端から文字の比較をしながら右のほうにスキャンを開始する．ここで，矢印は文字の比較を行っている位置を示すポインタ j を表している．すると，3 文字目までスキャンが進むと，ここで文字の不一致が見つかる．

```
p: a b c a b a c
t: a b a b c a b a b c a b a c
       ↑
```

このとき，$p_1 \neq t_2$ なので p を 1 文字分だけ右にずらしても，その位置では p は t に照合しえない．そのため，p は 2 文字分ずらすことができる（このとき，$u=0$ である）．さらに文字の比較を続けると，t の 9 文字目で再び不一致が見つかる．

```
p:     a b c a b a c
t: a b a b c a b a b c a b a c
                   ↑
```

ここでは，p を一挙に 5 文字分右にずらすことができる．なぜなら，5 文字より少ないずらし方では，p の頭の部分は対応する t の文字列（ポインタ j の左側の部分列）とは一致しえないからであり，6 文字分以上ずらしてしまうと，p を 5 文字分ずらした位置での照合を見落とす可能性があるからである．また，p を 5 文字分右にずらしたとき，p の頭の部分は対応する t の文字列と一致していることがわかっているの

で，ポインタ j を左に戻す必要はなく，その位置から文字の比較を再開すればよい．すると，下のように，パターン p は位置 $j = 8$ で t に照合することがわかる．

```
p:              a b c a b a c
t: a b a b c a b a b c a b a c
            ↑
```

この例でもわかるように，ポインタ j が指している t の文字とその対応する p の文字が一致するときには，ポインタ j を右に動かし文字の比較を進め，不一致が見つかったときにはポインタ j は動かさずに，つぎに比較すべき p の文字を上述の p_{u+1} にすればよい．不一致が見つかったときの p の文字を p_i とするとき，この i $(1 \le i \le m)$ に対して $u+1$ の値を与える関数を $f(i)$ とすると，

$$f(i) = 1 + \max\{u \mid 0 \le u < i-1, p_1 p_2 \cdots p_u = p_{i-u} p_{i-u+1} \cdots p_{i-1}\}$$

である．この関数 $f(i)$ を**失敗関数** (failure function) とよぶ．上の例 5.2 で用いたパターン p の失敗関数はつぎのようになる．

i	1	2	3	4	5	6	7
p_i	a	b	c	a	b	a	c
$f(i)$	0	1	1	1	2	3	2

ただし，後に述べるアルゴリズムの都合により $f(1) = 0$ と定義している．上で述べたように，$f(i)$ はパターン p のみから定まる関数なので，前処理によって各 i について $f(i)$ の値をあらかじめ求めておけば，素朴なアルゴリズムはコード 5.2 のように改良される．このアルゴリズムはクヌース・モーリス・プラット (KMP) のアルゴリズムとよばれる．ここで，`compf` は失敗関数 $f(i)$ を計算する関数（コード 5.3）で，その値は配列 `f[i]` $(1 \le i \le m)$ に入る．また，ここで定義した失敗関数の改良版も考えられるが，読者の演習問題とする（演習問題 5.3〜5.5）．

`compf` の計算を除けば，このアルゴリズムの時間計算量は $O(n)$ であることはつぎのようにしてわかる．まず，このアルゴリズムの処理時間は二つのポインタ i，j の動く回数に比例することに注意しよう．上で述べたように j の値は減ることはないので，j の動く回数は $O(n)$ である．i の値は $1 \le i \le m$ の範囲で増減を繰り返すが，i が増加する回数は j が増加する回数と同じなので $O(n)$ である．i の値は 1 回の増加につきちょうど 1 だけしか増えないので，i が減少する回数は i が増加する回数を超えることはない．したがって，i の動く回数も $O(n)$ となる．

```
void kmp(char p[], char t[], int m, int n)    /* KMPアルゴリズム */
{
    int i = 1, j = 1;
    int f[MAXPAT];

    compf(p, m, f);
    while (i <= m && j <= n)
        if (i == 0 || p[i] == t[j]){
            i++;
            j++;
        }
        else
            i = f[i];
    if (i == m+1)
        printf("Found at %d\n", j-m);
    else
        printf("Not found\n");
}
```

コード 5.2　クヌース・モーリス・プラットのアルゴリズム

さて，compf を計算するプログラムをコード 5.3 に示す．このプログラムが失敗関数 $f(i)$ $(2 \leq i \leq m)$ を正しく計算することをポインタ j の値についての数学的帰納法で示そう．$f(i)$ の定義より，$p_1 p_2 \cdots p_u = p_{i-u} p_{i-u+1} \cdots p_{i-1}$ となる最大の u（そのような u がないときには $u = 0$ である）に 1 を加えた値が $f(i)$ の値である．$1 \leq f(i) < i$ であるから $f(2) = 1$ であるが，compf の while 文の最初の繰り返しで f[2]=1 と正しく設定される．いま，while 文の実行途中で $j = k$ のとき，$f(i)$ が $i = 2, 3, \ldots, k$ に対しすでに求まっていると仮定する．ここで，f[i] への代入文と i，j の初期値を除けば，関数 compf は KMP アルゴリズムと同じであることに注意しよう．つまり，関数 compf はテキストストリング p に対しパターン p のストリングマッ

```
void compf(char p[], int m, int f[])
{
    int i = 0, j = 1;

    f[1] = 0;
    while (j < m)
        if (i == 0 || p[i] == p[j])
            f[++j] = ++i;
        else
            i = f[i];
}
```

コード 5.3　失敗関数の計算

チングを行っている（compf では $f(i)$ を計算しながらストリングマッチングを行っているが，これに必要となる $f(i)$ は $2 \leq i \leq j$ の範囲にある i についてのみであり，これらはすでに求まっていると仮定した）．すると，if 文の中の条件式 p[i]==p[j] が成立したときには，この i は $p_1 p_2 \cdots p_i = p_{j-i+1} p_{j-i+2} \cdots p_j$ が成立する最も大きな値である．したがって，$f(j+1) = i+1$ と正しく計算される．

関数 compf は KMP アルゴリズムと基本的には同じなので，その時間計算量は $O(m)$ である．したがって，前処理を含めたストリングマッチングアルゴリズムの実行時間は $O(m+n)$ となる．

ここで紹介したアルゴリズムは，線形時間でストリングマッチングを行うことができるという理論的な意味をもつばかりでなく，実用上でも，素朴なアルゴリズムに比べてよい結果を与えるということが報告されている．また，パターンが 1 個のみでなく，いくつかのパターンの中のどれかがテキストストリングに現れるかどうかを知りたい場合，簡単には，KMP アルゴリズムを繰り返し適用すればよいわけであるが，そうするとパターンの個数に比例した時間が必要である．このような複数のパターンに対するストリングマッチングのアルゴリズムとしては，時間計算量が $O(l+n)$ の時間のものが知られている．ここで，l はすべてのパターンの長さの総和である．詳しくは参考文献 [26] を参照されたい．

5.3 ボイヤー・ムーアのアルゴリズム

前節の KMP アルゴリズムのほかに，実用的なストリングマッチングアルゴリズムとして，ボイヤー・ムーア (BM) のアルゴリズム[27] がある．実際の応用においてこれまでに知られているストリングマッチングアルゴリズムの中で最も速いといわれている．このアルゴリズムも基本的な動作は素朴なアルゴリズムと同様である．パターン p とテキストストリング t を図 5.1 のように並べ，文字ごとに比較をしていくことで p が t に照合するか否かを調べる．照合しないことがわかったら，p を右にずらして，再び文字どうしの比較をするというものである．ただし，素朴なアルゴリズムでは文字ごとの比較を $p_1, p_2, \ldots$ と p の先頭から後尾に向かって行っていたのに対し，ボイヤー・ムーアのアルゴリズムでは，逆に $p_m, p_{m-1}, \ldots$ と p の後尾から先頭に向かって行う．このように後尾から文字の比較を行うことの利点は以下のようなことである．

一般の文章処理におけるストリングマッチングでは，パターンの長さに対し，テキストストリングで使用される文字の種類は比較的多い．たとえば，英語のテキストの編集であれば，パターンはせいぜい数個の単語からなり，その長さはせいぜい十数文字と思われる．一方，使われる文字の種類は，数字や特殊記号を入れると 50 を超え

るであろう．大文字と小文字の区別を入れるならばこれはさらに大きくなる．このような状況下では，パターン p に現れる文字よりも現れない文字のほうが多くなる．したがって，上のように p と t を並べて p の後方から文字の比較を始めると，p が t に照合しないときには比較的早い時点で文字の不一致を見つけ，しかも，そのときの t の文字 t_j は p には現れないものであるという可能性が高い．このとき，パターン p は t_j とは重なりをもたない位置まで大幅にずらすことができる．また，t_j と同じ文字が p に現れている場合でも，その p の文字が t_j に重なる位置までパターンを右にずらすことができる．

[例 5.3] パターン p = abcab とテキスト t = ababcadabcabac でボイヤー・ムーアのアルゴリズムを実行してみよう．まず，p と t を下のように並べ，p の右端の位置から文字の比較を開始する．ここで，矢印は t 内の位置を指すポインタ j で，文字の比較が行われている箇所を示している．

```
p: a b c a b
t: a b a b c a d a b c a b a c
            ↑
```

すると，最初の比較で不一致が見つかる．不一致を生じた t の文字は c で，パターン中に現れる c がこの位置にくるまでパターンを右にずらすことができる．

```
p:     a b c a b
t: a b a b c a d a b c a b a c
            ↑
```

再び p の右端の文字から比較を開始するが，また，最初の比較で不一致が見つかる．今回は不一致を生じた t の文字は d で，パターン中には d がないのでパターンを一気に 5 文字ずらすことができる．

```
p:             a b c a b
t: a b a b c a d a b c a b a c
                      ↑
```

この位置でパターンの右端から文字の一致を調べると，すべての文字がテキストの対応する文字と一致することがわかり，テキスト中にパターンが見つかる．このようにして，運がよければ毎回 m に近い文字数分だけ p を右にずらすことができ，$O(n/m)$ 時間でストリングマッチングを行うことができることになる．∎

上で見たように，文字の不一致があったときのポインタ j の増分は，不一致を引き起こしたテキストの文字によって決まる．よって，テキストの各文字 c について，不一致を引き起こしたときのポインタ j の増分 $d[c]$ を前処理で求めておけば，ボイヤー・ムーアのアルゴリズム（簡易版）をコード 5.4 のように構成することができる．

```
void bm1(char p[], char t[], int m, int n)     /* BMアルゴリズム（簡易版）*/
{
    int i, j, d[256];

    i = j = m;
    compd(p, d, m);
    while (i >= 1 && j <= n)
        if (p[i] == t[j]){
            i--;
            j--;
        }
        else {
            if  (i == m)
                j = j + d[t[j]];
            else
                j = j +  m - i + d[p[m]];
                i = m;
        }
    if (i == 0)
        printf("Found at %d\n", j+1);
    else
        printf("Not found\n");
}
```

コード 5.4　ボイヤー・ムーアのアルゴリズム（簡易版）

　ポインタ j の増分 $d[c]$ はパターン p からコード 5.5 のプログラムで求める．この関数の最初の `for` 文はすべての文字 c について $d[c]$ の初期値（j の増分の最大値 m）を設定している[†1]．2 番目の `for` 文の変数 i の増加は $m-1$ までである．したがって，$d[p[m]] = 0$ とはならない．これは，文字の不一致を引き起こしたテキストの文字 c がパターンの最後尾にある場合でもパターンを右にシフトさせるためである．

　上で述べた $d[c]$ は文字の不一致を引き起こした t の文字とパターン p から得られる情報であったが，これに，文字の不一致が見つかる直前までは p と t の文字が一致していたという事実から得られる情報を組み合わせれば，パターンをもっと大きくずらせるかもしれない．いま，$p_m, p_{m-1}, \ldots, p_{i+1}$ と順に真下の t の文字との一致を調べてきて，つぎに p_i とその真下の文字とを調べたら不一致が見つかったとする（図 5.3

[†1] ここで扱う文字は 0 から 255 までの数値に対応している．

```
void compd(char p[], int d[], int m)
{
    int i;

    for (i = 0; i <= 255; i++)
        d[i] = m;
    for (i = 1; i < m; i++)
        d[p[i]] = m-i;
}
```

コード 5.5　$d[c]$ の計算

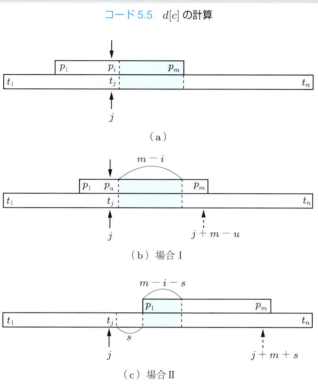

図 5.3　パターンのシフト

(a)).このとき,$p_{i+1}p_{i+2}\cdots p_m = t_{j+1}t_{j+2}\cdots t_{j+m-i}$(図 5.3 (a) の青色部分)かつ $p_i \neq t_j$ である.前節の KMP アルゴリズムと同様に,この事実を使って p をどこまで右にずらせるかを知ろうというわけである.p を何文字分か右にずらしたとき,ポインタ j または j より左で t と重なっている p の文字数を u とする(同図 (b)).すると,文字列 $t_{j+1}t_{j+2}\cdots t_{j+m-i}$ がその真上の p の部分列と初めて一致するところまで p を右にずらすことができる.このとき,$p_u = p_i$ であれば,その位置での p と t は照合しえないので,$p_u \neq p_i$ という要請も同時に満たすものとする.すなわち,この

ときの u は $p_{i+1}p_{i+2}\cdots p_m = p_{u+1}p_{u+2}\cdots p_{u+m-i}$ となり，しかも，$p_u \neq p_i$ となる最大の u $(1 \leq u < i)$ である．このような u が存在するときを場合 I とし，存在しないときを場合 II とする．

場合 II を考える．図 5.3 (b) の状況が生じないので，パターンはポインタ j を通り過ぎた位置までずれる（同図 (c)）．ポインタ j とパターン p の先頭の文字との間の距離を s とすると，$p_1p_2\cdots p_{m-i-s}$ が $t_{j+s+1}t_{j+s+2}\cdots t_{j+m-i}$ と初めて一致するまでパターンを右にずらすことができる．すなわち，このときの s は $p_1p_2\cdots p_{m-i-s} = p_{i+s+1}p_{i+s+2}\cdots p_m$ となる最小の s $(0 \leq s \leq m-i)$ である．$s = m-i$ になるのは同図 (c) の青色部分が空だったときで，このときポインタ j の増分は $2m-i$ である．

上の場合 I と場合 II でのポインタ j の増分を $dd[i]$ とすると，これはパターン p のみから計算できる．よって，$dd[i]$ も前処理で計算することにして，BM アルゴリズムがコード 5.6 のように得られる．

```
void bm(char p[], char t[], int m, int n)    /* BMアルゴリズム */
{
    int i, j, d[256], dd[MAXPAT];

    i = j = m;
    compd(p, d, m);
    compdd(p, dd, m);
    while (i >= 1 && j <= n)
        if (p[i] == t[j]){
            i--;
            j--;
        }
        else {
            j = j + max(d[t[j]], dd[i]);
            i = m;
        }
    if (i == 0)
        printf("Found at %d\n", j+1);
    else
        printf("Not found\n");
}
```

コード 5.6　ボイヤー・ムーアのアルゴリズム

このアルゴリズムで，compdd はポインタ j の増分 $dd[i]$ を計算している．簡易版と同様にパターンとテキストを並べ，パターンの後方から文字の一致を調べていくが，不一致が見つかったときのポインタ j の増分を，先の $d[t_j]$ と $dd[i]$ の大きいほうとしている．なお，max は二つの引数の大きいほうを返す関数である．

各 $i\ (1 \leq i \leq m)$ に対するポインタ j の増分 $dd[i]$ を求めるプログラムをコード 5.7 に示す．初期設定では，$dd[i]$ としてとりうる最大の値を設定している．つぎに，場合 I が起きるときの $dd[i]$ を求めている．その後，場合 II のときの $dd[i]$ を計算している．なお，min は二つの引数のうち小さいほうの値を返す関数である．

```
void compdd(char p[], int dd[], int m)
{
    int f[MAXPAT];
    int i, j, k;

    for(i = 1; i <= m; i++)      /* 初期設定 */
        dd[i] = 2*m - i;
/* 場合 I */
    j = m;
    i = m + 1;
    f[m] = m + 1;
    while (j > 0)
        if (i == m+1 || p[i] == p[j])
            f[--j] = --i;
        else {
            dd[i] = min(dd[i], m-j);
            i = f[i];
        }
/* 場合 II (i = f[0]に注意) */
    for (k = 1; k <= m; k++){
        if (k > i)
            i = f[i];
        dd[k] = min(dd[k], m+i-k);
    }
}
```

コード 5.7　$dd[i]$ の計算

場合 I の $dd[i]$ は前節で用いた失敗関数 $f(i)$ を計算する過程で求めている．ただし，ここでの $f(i)$ は文字の比較がパターン p の後ろから前に向かって行われる．p の後半の $m-i$ 文字からなる文字列を二つ上下に重ね，一方をずらしていき，両者の重なっている部分が初めて一致するときの，重なっている部分の長さを m から引いた値を $f(i)$ とする（図 5.4 (a)）．

コード 5.7 のプログラムでは，この失敗関数 $f(i)$ を前節の compf と同じ方法で計算している．図 5.4 (b) のようにパターン p を二つ上下に並べ，上をテキスト，下をパターンとみなしストリングマッチングを行う．$p_{i+1}p_{i+2}\cdots p_m = p_{j+1}p_{j+2}\cdots p_{j+m-i}$ のときに，$p_i \neq p_j$ であれば，$i = f(i)$ として，パターンをさらに左にずらし，文字の一致の検査を繰り返す．なお，計算の都合上，$f(m) = m+1$ としている．

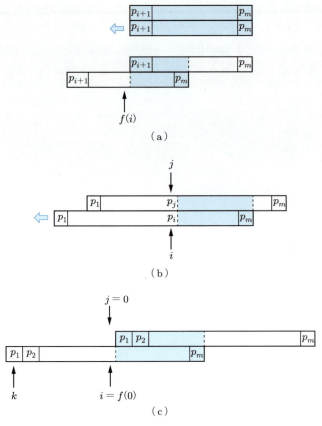

図 5.4　$dd[i]$ の計算

図 5.3 (b) の場合 I の状況を思い出そう．パターン p の後ろの $m-i$ 個の文字からなる文字列 $p' = p_{i+1}p_{i+2}\cdots p_m$ がパターンの中間部分 $p_{u+1}p_{u+2}\cdots p_{u+m-i}$ に出現し，しかも $p_u \neq p_i$ である．この状況は図 5.4 (b) で $p_i \neq p_j$ であることに相当する（p_j が図 5.3 (b) の p_u に対応する）．このときの増分 $dd[i]$ は $m-j$ である．したがって，図 5.3 (b) の場合 I が生じるときにはコード 5.7 のプログラムは $dd[i]$ を計算する．

問題は，部分列 p' がパターン中の異なる場所に出現し，しかも $p_u \neq p_i$ が成立するときである．コード 5.7 のプログラムでは，その出現ごとに $dd[i]$ を計算するが，先に求めた値と比べて小さいほうを採用しているため，パターン p' の最も右の出現（つまり，図 5.3 (b) の u が最大のとき）に対して求めた $dd[i]$ が優先して残る．

場合 II の $dd[i]$ はつぎのようにして計算される．コード 5.7 のプログラムで場合 I の計算を終えたときには，$i = f(0)$ となっている（図 5.4 (c)）．つまり，パターン

p を二つ重ねて片方をずらしたときに重なり部分が初めて一致した状況である．したがって，$1 \leq k \leq i$ の範囲の k については図 5.3 (c) の状況に一致する．つまり，この範囲の k については，図 5.3 (c) のパターンのシフト量 s は $i - k$ であり，これに m を加えた値が $dd[k]$ に設定される．$k > i$ となったら，図 5.3 (c) の状況を維持するために $i = f(i)$ としてパターンを左にずらし，上の操作を繰り返す．ここでも min をとっているので，場合 I ですでに $dd[i]$ が求まっているときにはその値が変更されることはない．

このプログラムの for 文の実行時間はいずれも $O(m)$ である．場合 I の計算は配列 $dd[i]$ への書き込みを除けば前節の compf と同じであるから，これも $O(m)$ 時間で実行できる．よって，$dd[i]$ を求めるのは $O(m)$ 時間でできることになる．テキストストリングで使用する文字の個数を定数個とすれば，前述の $d[c]$ も $O(m)$ で計算されるので，このアルゴリズムの前処理（$d[c]$ と $dd[i]$ の計算）に要する時間は $O(m)$ となる．なお，コード 5.6 のアルゴリズムの時間計算量が $O(m + n)$ になることが知られているが，ここでは省略する．

演習問題 5

5.1 クヌース・モーリス・プラットのアルゴリズムを，パターン p が照合するすべての位置を出力するように変更せよ．

5.2 パターン $p = \mathrm{abcabcab}$ に対する失敗関数 $f(i)$ を求めよ．

5.3 クヌース・モーリス・プラットのアルゴリズムで用いた失敗関数 $f(i)$ はつぎのように定義されていた．

$$f(i) = 1 + \max\{u \mid 0 \leq u < i - 1,\ p_1 p_2 \cdots p_u = p_{i-u} p_{i-u+1} \cdots p_{i-1}\}$$

これを，つぎのように変更すると，パターンを右にずらす量が大きくなるときがあり，効率の向上が期待できる．

$$f(i) = 1 + \max\{u \mid 0 \leq u < i - 1,$$
$$p_1 p_2 \cdots p_u = p_{i-u} p_{i-u+1} \cdots p_{i-1},\ p_{u+1} \neq p_i\}$$

このように $f(i)$ を変更するとなぜアルゴリズムの効率が改善されるのか理由を述べよ．

5.4 5.2 節の例で用いたパターン $p = \mathrm{abcabac}$ に対する変更後の $f(i)$ の値を求め，変更前の $f(i)$ の値と比べてみよ．

5.5* 変更した $f(i)$ を計算するようにコード 5.3 の compf のプログラムを書き換えよ．

5.6 与えられた二つの列 $a_0 a_1 \cdots a_{n-1}$ と $b_0 b_1 \cdots b_{n-1}$ に対し，$0 \leq i \leq n - 1$ なるすべての i について $a_i = b_{(k+i) \bmod n}$ となるような k が存在するか否かを，$O(n)$ 時間で判

定するアルゴリズムを設計せよ．ただし，$i \bmod n$ は i を n で割った余りを表す．

5.7* 与えられた二つの n 角形 P_1, P_2 が合同であるかどうかを $O(n)$ 時間で判定するアルゴリズムを設計せよ．ただし，各 P_i は反時計周りの n 個の端点の座標で与えられるものとする．[**ヒント**：n 個の端点をその重心を原点とした極座標表示で表し，演習問題 5.6 の解を用いる．]

5.8 パターン $p = \mathrm{abcabcab}$ に対する $d[c]$ と $dd[i]$ を求めよ．

第6章
高速フーリエ変換 (FFT)

フーリエ変換は科学技術の多くの分野で使われ，とくに波形のスペクトル解析やたたみ込み (convolution) 計算[†1]には不可欠である．本章では，フーリエ変換を効率よく計算するアルゴリズムについて解説する．このアルゴリズムは**高速フーリエ変換** (Fast Fourier Transform, FFT) とよばれるが，FFT の出現は，従来長い時間を要していたフーリエ変換の計算を実用的な時間内で実行することを可能にし，信号処理や波形解析など多くの分野に大きな影響を与えた．また，FFT は多項式どうしの積や大きな整数どうしの積を求めるアルゴリズムにも応用される．

6.1 離散フーリエ変換

n 乗すると初めて 1 になるような複素数を **1 の原始 n 乗根**という．

[例 6.1] 2 乗すると初めて 1 になる複素数は -1 なので，1 の原始 2 乗根は -1 である．1 の原始 3 乗根は $(-1+\sqrt{3}i)/2$ と $(-1-\sqrt{3}i)/2$ の二つがある．ただし，i は虚数単位である．■

複素平面の原点を中心とする単位円上で偏角 $\theta = 2\pi/n$ の点が表す複素数を考える．この点が表す複素数 ω は $\omega = \cos\theta + i\sin\theta$ である．さらに，偏角 $2\theta, 3\theta, \ldots, n\theta$ の円周上の点を考えると，これらの点は単位円の周を n 等分している（図 6.1）．

これらの等分点が表す複素数は，

$$\cos\left(\frac{2\pi m}{n}\right) + i\sin\left(\frac{2\pi m}{n}\right) \quad (0 \leq m < n)$$

である．オイラーの公式 $e^{i\theta} = \cos\theta + i\sin\theta$ より，これらの等分点は

$$\exp\left(\frac{2\pi m}{n}i\right) \quad (0 \leq m < n)$$

[†1] 演習問題 6.6 を参照．

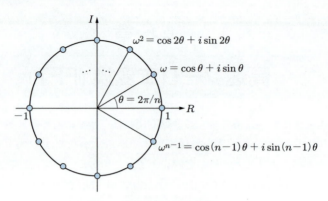

図 6.1　単位円周上の等分点

と表される．つまり，これらの n 個の等分点は $1, \omega, \omega^2, \omega^3, \ldots, \omega^{n-1}$ と表すことができる．よって，ω は確かに 1 の原始 n 乗根である．また，ω^{n-1} も原始 n 乗根であることが簡単に示せる．しかし，1 の原始 n 乗根はこれらだけとは限らない．実際，m を n と互いに素な整数とするときの $\exp(2\pi m i/n)$ が 1 の原始 n 乗根のすべてである．このように，一般に 1 の原始 n 乗根は複数個存在するが，ここでは簡単のため，1 の原始 n 乗根として $\omega = \exp(2\pi i/n)$ を用い，これを ω_n と表記する（ただし，以下の議論は任意の 1 の原始 n 乗根に対して成立する）．

$x = (x_0, x_1, \ldots, x_{n-1})$ を n 次の複素数ベクトルとする（記述の都合で，行ベクトルのように表すが，この章で扱うベクトルはすべて列ベクトルである）．A は $n \times n$ 行列（n 行 n 列の行列）で，その (i, j)-要素 $(0 \leq i, j < n)$ は ω_n^{ij} である．このとき，n 次の複素数ベクトル $y = Ax$ を x の**離散フーリエ変換**（Discrete Fourier Transform, DFT）とよぶ．すなわち，x の離散フーリエ変換とは，各要素 y_i $(0 \leq i \leq n-1)$ が次式で計算される n 次のベクトル $y = (y_0, y_1, \ldots, y_{n-1})$ のことである．

$$y_i = \omega_n^{i0} x_0 + \omega_n^{i1} x_1 + \cdots + \omega_n^{i(n-1)} x_{n-1} \quad (i = 0, 1, \ldots, n-1) \tag{6.1}$$

[例 6.2]　$n = 4$, $x = (1+i, 2, 3, 4+i)$ とする．

$$\begin{aligned}
\omega_4 &= \exp(2\pi i/4) \\
&= \cos(2\pi/4) + i \sin(2\pi/4) \\
&= i
\end{aligned}$$

であるから，A はつぎのような行列である．

$$A = \begin{bmatrix} 1 & 1 & 1 & 1 \\ 1 & \omega_4^1 & \omega_4^2 & \omega_4^3 \\ 1 & \omega_4^2 & \omega_4^4 & \omega_4^6 \\ 1 & \omega_4^3 & \omega_4^6 & \omega_4^9 \end{bmatrix} = \begin{bmatrix} 1 & 1 & 1 & 1 \\ 1 & i & -1 & -i \\ 1 & -1 & 1 & -1 \\ 1 & -i & -1 & i \end{bmatrix}$$

このとき，x の離散フーリエ変換 $y = Ax$ はつぎのようになる（演習問題 6.2）．

$$y = (10 + 2i, -1 - i, -2, -3 + 3i)$$

x の離散フーリエ変換 $y = Ax$ を計算するには行列 A とベクトル x の積を計算すればよいわけであるが，$n \times n$ 行列と n 次のベクトルの積を定義に従って計算すると $O(n^2)$ 回の演算が必要である．n が大きくなると，このような単純な方法では実行時間が大きくなってしまい実用に耐えない場合がある．次節で紹介するのは，高速フーリエ変換とよばれるアルゴリズムで，行列 A の構造を巧みに利用して $O(n \log n)$ の実行時間を得ている．

6.2 高速フーリエ変換のアルゴリズム

定義より，x の離散フーリエ変換 y の各要素は次式で計算される．

$$y_i = \sum_{k=0}^{n-1} x_k \omega_n^{ik} \qquad (i = 0, 1, \ldots, n-1) \tag{6.2}$$

n は偶数とする．各 y_i を i が偶数のものと奇数のものに分けて記述する．

$$\begin{aligned}
y_{2i} &= \sum_{k=0}^{n-1} x_k \omega_n^{2ik} = \sum_{k=0}^{n/2-1} x_k \omega_n^{2ik} + \sum_{k=n/2}^{n-1} x_k \omega_n^{2ik} \\
&= \sum_{k=0}^{n/2-1} (x_k \omega_n^{2ik} + x_{k+n/2} \omega_n^{2i(k+n/2)}) \\
&= \sum_{k=0}^{n/2-1} (x_k + x_{k+n/2}) \omega_{n/2}^{ik} \qquad (i = 0, 1, \ldots, n/2 - 1)
\end{aligned} \tag{6.3}$$

同様にして，

$$y_{2i+1} = \sum_{k=0}^{n/2-1} x_k \omega_n^{(2i+1)k} + \sum_{k=0}^{n/2-1} x_{k+n/2} \omega_n^{(2i+1)(k+n/2)}$$

$$= \sum_{k=0}^{n/2-1} x_k \omega_n^{2ik} \omega_n^k + \sum_{k=0}^{n/2-1} x_{k+n/2} \omega_n^{2ik} \omega_n^k \omega_n^{ni} \omega_n^{n/2}$$

$$= \sum_{k=0}^{n/2-1} (x_k - x_{k+n/2}) \omega_n^k \omega_{n/2}^{ik} \quad (i=0,1,\ldots,n/2-1) \quad (6.4)$$

ここで，$\omega_n^n = 1$ と $\omega_n^2 = (\exp(2\pi i/n))^2 = \exp(2\pi i/(n/2)) = \omega_{n/2}$ と $\omega_n^{n/2} = (\exp(2\pi i/n))^{n/2} = \exp(\pi i) = -1$ であることに注意せよ．

式 (6.3) と式 (6.4) より，y の偶数番目の要素からなるベクトル $y' = (y_0, y_2, \ldots, y_{n-2})$ は，各要素が $(x_k + x_{k+n/2})$ $(0 \le k < n/2)$ であるような $n/2$ 次のベクトル x' の離散フーリエ変換になっており，y の奇数番目の要素からなるベクトル $y'' = (y_1, y_3, \ldots, y_{n-1})$ は，各要素が $(x_k - x_{k+n/2})(\omega_n)^k$ $(0 \le k < n/2)$ であるような $n/2$ 次のベクトル x'' の離散フーリエ変換になっていることがわかる．この様子を図 6.2 に示す．したがって，n が 2 のべき乗 $(n = 2^k)$ であれば，上の議論を再帰的に繰り返して，分割統治法（第 8 章）のアルゴリズムをコード 6.1 のように構成することができる．`fft(n,x)` は，配列 $x[0..n-1]$ に入っている連続した n 個の複素数を入力として離散フーリエ変換を施し，結果を同じ配列 $x[0..n-1]$ に出力する関数である．また，関数 `butterfly` は図 6.2 のたすきがけの部分を実行し，関数 `shuffle` は図 6.2 の混ぜ合わせの部分を実行する．なお，`multiply`, `plus`, `minus` はそれぞれ複素数の乗算，加算，減算を行う関数で，`w(n,k)` は $\omega_n^k = \exp(2\pi ki/n)$ を計算して返す関数である．

上で説明した FFT アルゴリズムの時間計算量が，$O(n \log n)$ であることを示そう．n 次のベクトルを入力とするコード 6.1 の関数 `fft` の実行時間を $T(n)$ と表記する．関数 `fft` の中での `butterfly` と `shuffle` はともに $O(n)$ で実行でき，$n/2$ 次のベクトルを入力として関数 `fft` が再帰的に 2 度呼ばれているので，$T(n)$ に関して次式が成立する．

$$T(n) = \begin{cases} O(1) & (n=1 \text{ のとき}) \\ 2T(n/2) + O(n) & (n \ge 2 \text{ のとき}) \end{cases} \quad (6.5)$$

これを解いて，$T(n) = O(n \log n)$ が得られる（演習問題 6.3）．

ここで紹介した FFT アルゴリズムはその原理を説明するためのもので，実際に計算機上で使用するにはさらに工夫する余地がある．たとえば，再帰的アルゴリズムとせずに `for` 文を用いて記述すれば，関数の再帰呼び出しにともなうオーバーヘッドを軽減できる．また，ω_n^k は各 k と n についてまえもって計算し表にしておけば，何度

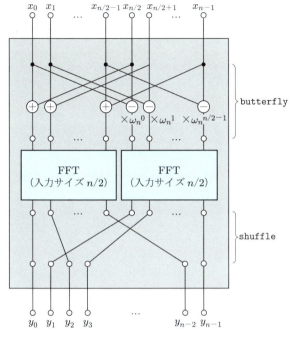

図 6.2 FFT（入力サイズ n）

も同じ計算をする無駄が省ける．この表の計算においても，$\omega_n^2 = \omega_{n/2}$ のような性質を利用すると効率化が図れる．

コード 6.1 で，shuffle を実行する部分は単に出力 y の順序を入れ替えているにすぎないので，これを省くことができる．すると，出力 y において，y_i は指数 i の順序に並ばなくなる（図 6.3 に $n = 8$ の場合を示す）．このときの y_i の並び方を**ビット反転順** (bit reverse order) とよぶ（指数 i を $\log_2 n$ 桁の 2 進数で表し，桁の上位と下位を逆にすると，y_i が出力される位置になる）．出力 y がビット反転順になる理由は読者の演習問題とする（演習問題 6.7）．

式 (6.3) と式 (6.4) において，$\omega_n^2 = \omega_{n/2}$ と $\omega_n^{n/2} = -1$ であることを利用した．これは複素数の性質を用いなくとも 1 の原始 n 乗根の定義のみから成立する性質である（演習問題 6.8）．このことから，FFT は複素数環に限らず 1 の原始 n 乗根をもつ任意の可換環で実現できる．一般に，複素数環では計算にともなう誤差は避けられない．これは，実数を有限の桁の数で近似することによる．しかし，有限環においては誤差の生じない計算が可能である．したがって，1 の原始 n 乗根をもつような整数の有限環においては誤差が生じない FFT が可能となり，これを利用して多項式の積や整数の積を計算する高速なアルゴリズムが得られている．

```
#define AMAX 256      /* 配列サイズ */
typedef struct {double r,i;} complex;

void butterfly(int n, complex x[], complex y[], complex z[])
{
    int k;

    for (k = 0; k < n/2; k++){
        y[k] = plus(x[k], x[k + n/2]);
        z[k] = multiply(minus(x[k], x[k + n/2]), w(n, k));
    }
}

void shuffle(int n, complex x[], complex y[], complex z[])
{
    int k;

    for (k = 0; k < n/2; k++){
        x[2*k] = y[k];
        x[2*k + 1] = z[k];
    }
}

void fft(int n, complex x[])
{
    complex y[AMAX], z[AMAX];

    if (n > 1){
        butterfly(n, x, y, z);
        fft(n/2, y);
        fft(n/2, z);
        shuffle(n, x, y, z);
    }
}

main
{
    fft(n, x);
}
```

コード 6.1　FFT アルゴリズム

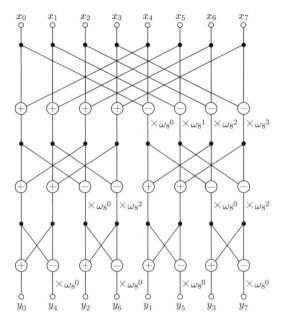

図 6.3 shuffle を省略した FFT ($n = 8$)

演習問題 6

6.1 $n = 8$ のときの 1 の原始 n 乗根をすべてあげよ.

6.2 例 6.2 で取り上げた x の離散フーリエ変換 $y = Ax$ を実際に計算せよ.

6.3 式 (6.5) を解き,$T(n) = O(n \log n)$ であることを示せ.[**ヒント**:3.3 節]

6.4 コード 6.1 のアルゴリズムの領域計算量が $O(n \log n)$ であることを示せ.これを $O(n)$ にするにはどうすればよいか.

6.5* (i,j)-要素 $(0 \leq i, j < n)$ が ω_n^{-ij}/n である $n \times n$ 行列を考える.

 (a) この行列が A の逆行列 A^{-1} であることを示せ.

 (b) $x = A^{-1}Ax = A^{-1}y$ であるから,**離散フーリエ逆変換**は $A^{-1}y$ を計算すればよい.ω_n^{-1} が 1 の原始 n 乗根であることを示せ.

 (c) (b) から,FFT のプログラムを一部手直しして離散フーリエ逆変換のプログラムが直ちに作れることがわかる.コード 6.1 のプログラムのどこを修正すればよいか述べよ.

6.6* たたみ込み (convolution) は線形回路や線形フィルタなどの線形システムでは重要な演算である.二つのベクトル $a = (a_0, a_1, \ldots, a_{n-1})$ と $b = (b_0, b_1, \ldots, b_{n-1})$ のたたみ込み $a \otimes b$ は

$$a \otimes b = (c_0, c_1, \ldots, c_{2n-2}), \quad c_i = \sum_{k=0}^{i} a_k b_{i-k}$$

のことである.ただし,$a_i = b_i = 0 \ (i \geq n)$ とする.$F()$ と $F^{-1}()$ でそれぞれ離散フーリエ変換と離散フーリエ逆変換を表すと,

$$a \otimes b = F^{-1}(F(a) \cdot F(b))$$

であることを示せ.ただし,右辺の $\cdot$ はベクトルの要素どうしの積を計算する二項演算であり,a, b は後ろに 0 を埋めた $(2n-1)$ 次元ベクトルとする.

6.7* 関数 fft において shuffle を省くと出力 y がビット反転順になる理由を述べよ.

6.8 FFT アルゴリズムの説明において,$\omega_n^2 = \omega_{n/2}$ と $\omega_n^{n/2} = -1$ であることを利用した.これらの関係を,複素数の性質を用いずに,1 の原始 n 乗根の定義のみから示せ.

6.9* 式 (6.2) をつぎのように変形する.

$$y_i = \sum_{k=0}^{n-1} x_k \omega_n^{ik}$$

$$= \sum_{k=0}^{n/2-1} (x_{2k} \omega_n^{i2k} + x_{2k+1} \omega_n^{i(2k+1)})$$

$$= \sum_{k=0}^{n/2-1} x_{2k} \omega_{n/2}^{ik} + \omega_n^i \sum_{k=0}^{n/2-1} x_{2k+1} \omega_{n/2}^{ik} \quad (i = 0, 1, \ldots, n/2 - 1)$$

上の式で,右辺の第 1 項は x の偶数番目の要素からなる $n/2$ 次のベクトル x' の離散フーリエ変換 y' の i 番目の要素であり,第 2 項は x の奇数番目の要素からなる $n/2$ 次のベクトル x'' の離散フーリエ変換 y'' の i 番目の要素に ω_n^i を掛けたものである.同様にして,$i = n/2, \ldots, n-1$ の場合の y_i を x' と x'' の離散フーリエ変換で表す式を導け.これらの式に基づいて図 6.2 に対応する図を描き,FFT アルゴリズムを設計せよ.

第7章
グラフとネットワークのアルゴリズム

計算機を用いて問題を解こうとするとき，まず対象となる問題をあいまいさのないように形式的に表さなければならない．実用上の多くの問題が第1章で説明したグラフの言葉を使って厳密に表現できる．この章では，グラフに関する問題を効率よく解くアルゴリズムで代表的なものを紹介する．

7.1 グラフと根付き木の表現

n 個の頂点と m 本の辺をもつグラフ $G = (V, E)$ を考える．頂点集合 V と辺集合 E をそれぞれ，

$$V = \{v_1, v_2, \ldots, v_n\},$$
$$E = \{e_1, e_2, \ldots, e_m\}$$

とするとき，つぎのような $n \times n$（n 行 n 列）行列 A をグラフ G の**隣接行列** (adjacency matrix) という．A の i 行 j 列に位置する要素を a_{ij} とすると，$(v_i, v_j) \in E$ のとき $a_{ij} = 1$ で，$(v_i, v_j) \notin E$ のとき $a_{ij} = 0$ である．G が無向グラフのときには A は対称行列になる．図7.1 (a) のグラフの隣接行列を同図 (b) に示す．隣接行列を計算機上で表現するには，2次元配列 $a[1..n][1..n]$ を用いればよい．グラフの各辺に重み（整数値または実数値）がついたものを**ネットワーク** (network) とよぶが，ネットワークの隣接行列では辺 (v_i, v_j) の重みを a_{ij} の値とすればよい（図7.2 (a), (b)）．

隣接行列でグラフを表現した場合の長所は，二つの頂点 v_i, v_j の間に辺があるか否かを知るのに，配列の要素 $a[i][j]$ を調べるだけでよいので，$O(1)$ の時間でできることである．一方，短所としては，頂点 v_i に隣接している頂点をすべて知りたいときに，隣接行列の i 行目をすべて調べなければならず，$O(n)$ の時間がかかることである．また，辺が少ないグラフであっても $O(n^2)$ の記憶領域を必要とする．このような欠点に対処するために，各頂点ごとに，その頂点に隣接している頂点のリストを用意してグラフを表すことができる．これをグラフ G の**隣接リスト** (adjacency lists) という．図7.1 (a) のグラフの隣接リストを同図 (c) に示す（図7.1 (c) は各頂点 v_i に対し，v_i から出る辺の終点を v_i の隣接リストにしてある．このほか，v_i に入る辺の

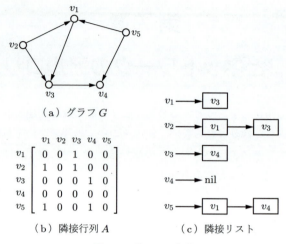

図 7.1 グラフの表現

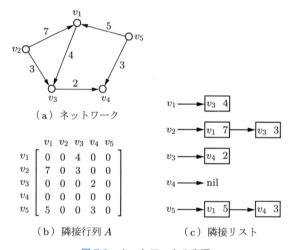

図 7.2 ネットワークの表現

始点のリストを用意することもある）．ネットワークの場合は v_i に隣接している頂点とそれらを結ぶ辺の重みの対を要素とするリストを頂点 v_i の隣接リストとすればよい（図 7.2 (c)）．

　グラフが根付き木のときにはつぎのように表すと便利である．根付き木 T の葉以外の各頂点 v に対し，v の子を並べてリストにし，v にそのリストの先頭へのポインタをもたせる（図 7.3 (a), (b)）．このようにすると，各頂点 v をその子の数に関係なく固定長の構造体で表すことができる．必要ならば，各頂点に，その親に向かうポインタを用意する．

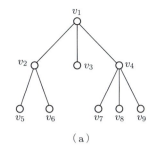

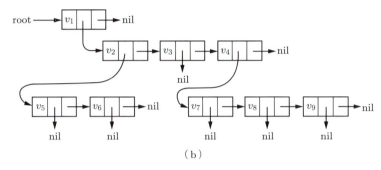

図 7.3　根付き木の表現

7.2　グラフの探索

グラフに関するアルゴリズムでは，グラフ内の頂点または辺を順に探索しながら処理を進めることになる．ここでは，グラフ G のすべての頂点（辺）を訪れるための二つの代表的な探索法を紹介する．

●7.2.1●深さ優先の探索（Depth-First Search, DFS）

$G = (V, E)$ は無向グラフとする．頂点 $v\ (\in V)$ を出発点とすると，v に隣接していてしかもまだ訪問していない頂点を任意に一つ選び，その頂点 w を訪れる．w を新たな出発点としてこれを繰り返す．すなわち，辺をたどった先が未訪問の頂点であるかぎり，グラフ内をどんどん先に（深く）進んでいく（これがこの探索法の名前の由来である）．頂点 w に隣接する頂点がすべて訪問済みのときには，いま進んできた路を一つ前の頂点に戻り，その頂点を再び出発点とする．G が連結なグラフであれば，このような探索を行うことにより G のすべての頂点を訪れることができる．G が連結でないときには未訪問の頂点が残るので，その中の適当な頂点を新たな出発点として選び，上の探索を繰り返す．

[例 7.1] 深さ優先の探索の様子を図 7.4 に示す．同図で，各頂点に付けられた数字がその頂点を訪れた順番である（頂点 v を訪れた順番を dfnum(v) で表す）．まず，v_1 を出発点として選ぶと，v_1 に隣接している頂点の中から未訪問のものを一つ選び（ここでは v_2 が選ばれた），そこに探索を進める．同様にして，v_2 を出発点として v_3, v_4 へと探索が進むが，v_4 の隣接点で未訪問のものはないので，v_3 に戻る．v_3 を出発点として v_5 に探索が進むが，こんども v_5 から先へは進めないので，再び v_3 に戻る．この時点では v_3 の隣接点はすべて訪問済みなので，一度 v_2 へ戻りつぎに v_6 へと進む．この図の探索では，この後 v_2, v_1 と戻り，v_1 を再び出発点として v_7, v_8 の順に探索が進んでいる． ∎

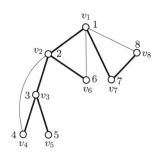

図 7.4 深さ優先の探索と DFST

このような深さ優先の探索を行うプログラムをコード 7.1 に示す．ここで，inputgraph(a) は，入力のグラフ G の隣接リスト（へのポインタ）を配列 $a[\ ]$ に格納し，頂点数 n を返す関数である．dfnum(v) = 0 は v が未訪問であることを表している．この章では，グラフの隣接リスト $a[\ ]$ や配列 dfnum[ ] はプログラムの初めのほうでつぎのように広域変数として定義することにする．

```
struct element *a[ASIZE];
int dfnum[ASIZE];
```

これは，関数の引数を少なくしてプログラムが読解しやすいようにするためである（大きなプログラムを作成する場合には局所変数にするのが望ましい）．なお，ASIZE は配列サイズを表す値である．

main 関数の 2 番目の for 文は，未訪問の頂点 v が残っていると，v を出発点として深さ優先の探索を実行する．関数 dfs(v) の for 文は v の隣接リストの要素 w のそれぞれに対し，w が未訪問であれば，w を出発点とする深さ優先探索を実行している．

関数 dfs(v) の探索が先に進むときに通る辺 (v,w) の集合を T とする（図 7.4 の太線）．G が連結なグラフのとき，グラフ $G' = (V, T)$ は閉路を含まない連結グラフ，すなわち木になる．G' のようにグラフ G のすべての頂点を含む部分グラフで木になっているものを G の**スパニング木** (spanning tree) とよぶ．G' を探索の最初の出発点（図 7.4 の v_1）を根とする根付き木とみなすとき，**深さ優先のスパニング木** (Depth-First Spanning Tree, DFST) とよぶ．G が連結でないときには，$G' = (V, T)$ は閉路のないグラフ（**森**とよぶ）になる．

コード 7.1 の関数 dfs でグラフ G を探索すると，G のすべての頂点をちょうど一度ずつ訪れることになる．また，各辺はちょうど 2 回ずつ調べられるだけなので，G を探索するための時間は $O(n+m)$ となる．ここで，n はグラフの頂点数，m は辺の本数である．

```
void dfs(int v)     /* 深さ優先の探索 */
{
    static int c;
    int w;
    struct element *l;

    dfnum[v] = ++c;
    for (l = a[v]->next; l != NULL; l = l->next){
        w = l->data;
        if (dfnum[w] == 0)
            dfs(w);
    }
}

void main()
{
    int v, n;

    n = inputgraph(a);    /* 隣接リストa[]の作成．nは頂点数 */
    for (v = 1; v <= n; v++)
        dfnum[v] = 0;
    for (v = 1; v <= n; v++)
        if (dfnum[v] == 0)
            dfs(v);
}
```

コード 7.1　深さ優先の探索を行う関数

● 7.2.2 ● 幅優先の探索 (Breadth-First Search, BFS)

$G = (V, E)$ は無向グラフとする．頂点 $v \in V$ を出発点とすると，v に隣接している頂点で未訪問のものをすべて訪れる（これが，この探索法の名前の由来である）．つぎに，いま訪れた各頂点を新たな出発点としてこれを繰り返す．すなわち，幅優先の探索では最初の出発点に近い頂点から順に訪れていく．

[例 7.2] 幅優先の探索の様子を図 7.5 に示す．同図で，各頂点に付けられた数字がその頂点を訪れた順番である．まず，v_1 を出発点として選ぶと，v_1 に隣接している頂点の中から未訪問のものを任意の順序で訪れる（ここでは v_2, v_6, v_7, v_8 の順序で訪れた）．つぎに，v_2 を出発点として v_4, v_3 を訪れ，さらに v_3 を出発点として v_5 を訪れ，探索は終了する． ■

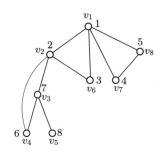

図 7.5　幅優先の探索

このような幅優先の探索を行う関数をコード 7.2 に示す．この関数で，bfnum[v] の値は頂点 v を訪れた順番である．入力のグラフ G は隣接リストで与えられるものとする．また，データ構造としてキューを用いており，initialize, insert, delete, empty, top はコード 2.4 で定義されたキューの基本操作である．深さ優先の探索と同様に，この探索も G のすべての頂点をちょうど一度ずつ訪れる．したがって，探索のための時間は $O(n + m)$ となる．

G が有向グラフの場合の深さ優先の探索と幅優先の探索も上と同様である．ただし，探索は辺の向きに沿って進むことになる．

```
void bfs(int v)    /* 幅優先の探索 */
{
    static int c;
    int u, w;
    struct element *l;

    bfnum[v] = ++c;
    initialize(&q);    /* キューqの初期化 */
    insert(&q, v);
    do {
        u = top(&q);
        delete(&q);
        for (l = a[u]->next; l != NULL; l = l->next){
            w = l->data;
            if (bfnum[w] == 0){
                bfnum[w] = ++c;
                insert(&q, w);
            }
        }
    } while (!empty(&q));
}


void main()
{
    int v, n;

    n = inputgraph(a);
    for (v = 1; v <= n; v++)
        bfnum[v] = 0;
    for (v = 1; v <= n; v++)
        if (bfnum[v] == 0)
            bfs(v);
}
```

コード 7.2　幅優先の探索を行う関数

7.3　2 連結成分への分解

　グラフ G の部分グラフ H が極大な連結部分グラフであるというのは，他の連結部分グラフで H を部分グラフとして含むものがないときをいう[†1]．極大な連結部分グラフを G の**連結成分** (connected component) とよぶ．すなわち，連結成分とは G

[†1]　一般に，ある性質をもつ部分グラフ H が極大であるというのは，その性質をもつ他の部分グラフで，H を部分グラフとして含むものがないときをいう．

の部分グラフで，辺でひとつながりになっているものをいう．連結グラフはただ一つの連結成分からなるグラフである．G の連結成分を見つけるのは，前節の深さ優先の探索かまたは幅優先の探索を用いて容易にできる．適当な頂点から探索を開始して，探索が終了するまでに調べた辺（訪れた頂点）が，G の一つの連結成分の辺（頂点）のすべてである．したがって，これを繰り返せば，G のすべての連結成分を見つけることができる．ここでは，無向グラフの 2 連結成分を見つけるアルゴリズムを紹介しよう．

無向グラフ G が **2 連結** (biconnected) であるというのは，G から 1 個の頂点を除去しても結果のグラフが連結であるときをいう．ただし，頂点 v を除去するときには，v に接続している辺も同時に除去されるものとする（したがって，1 本の辺のみからなるグラフも 2 連結グラフである）．無向グラフ G の **2 連結成分** (biconnected component) とは，G の極大な 2 連結部分グラフのことである．定義より，2 連結成分 H が 3 個以上の頂点を含むときには，H 内の任意の 2 頂点 u, v に対し，u と v を結び，しかも u と v 以外には頂点を共有しない 2 本の路が H に存在する．したがって，通信網などにおいて，どの 2 局間にも 2 本以上の通信ルートが確保される部分網を見つける問題はグラフの 2 連結成分を見つける問題に帰着される．図 7.6 (a) のグラフの 2 連結成分を同図 (b) に示す．

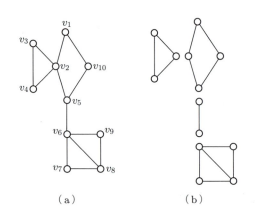

図 7.6 2 連結成分への分解

この例でもわかるように，複数の 2 連結成分に共有される頂点があることに注意されたい．このような頂点を **関節点** (articulation point) とよぶ．つまり，関節点は，それを除去するとグラフの連結成分の数が増加するような頂点のことである．関節点 a は，a を共有する 2 連結成分を分離しているという．図 7.6 (a) では v_2, v_5, v_6 が関節点である．以下で紹介するアルゴリズムは，連結グラフを深さ優先の探索でたど

りながら関節点を DFST の葉に近いものから順に見つけ，毎回その関節点を含む一つの 2 連結成分を出力する．

T を連結グラフ G の DFST とする．G の辺を T に含まれる辺とそうでない辺の 2 種類に分け，前者を**木の辺** (tree edge) とよび，後者を**逆辺** (back edge) とよぶことにする．すると，深さ優先の探索の仕方より，逆辺の両端点は必ず T において先祖と子孫の関係にある．よって，つぎの補助定理が成立する．

[**補助定理**] 頂点 v を T の根とすると，v が 2 個以上の子をもつとき，そしてそのときだけ v は関節点である．また，頂点 v が T の根でないとすると，v の子 s で，s のどの子孫からも v 以外の v の先祖への逆辺がないような s が存在するとき，そしてそのときだけ v は関節点である．

この補助定理の証明は省略するが，初等的なので読者の演習問題とする（演習問題 7.6）．つぎの例はこの補助定理の意味を理解するのに役立つであろう．

[**例 7.3**] 図 7.7 は図 7.6 (a) のグラフと v_2 を根とする DFST（の一つ）である．同図で，v_2 は T の根で，v_4 と v_5 の 2 個の子をもつので関節点である．v_5 の子は v_6 と v_{10} で，v_{10} は補助定理の s を満たさないが，v_6 が s の条件を満たしている．よって，v_5 は関節点である．また，v_6 は s として v_7 をもつので関節点である．■

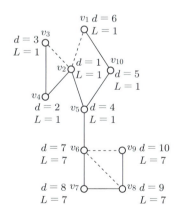

図 7.7 v_2 を根とする DFST（実線）

さて，頂点 v が関節点であるかどうかを判定するために，つぎのような関数 $L(v)$ を考える．

$$L(v) = \min\{\mathrm{dfnum}(u) \mid u = v \text{ または,}$$
$$T \text{ において } v \text{ の子孫と } u \text{ を結ぶ逆辺がある}\}$$

すると補助定理より，頂点 v が根でないとき，$L(s) \geq \mathrm{dfnum}(v)$ となる子 s を v がもつことと v が関節点であることとは同等である．なぜなら，先祖と子孫の関係にある二つの頂点の間では子孫のほうが dfnum の値は大きくなるので，$L(s) < \mathrm{dfnum}(v)$ であれば s の子孫から v の先祖（v 自身は除く）への逆辺があり，逆に，$L(s) \geq \mathrm{dfnum}(v)$ ならばそのような逆辺は存在しないからである．図 7.7 の各頂点 v の脇に $\mathrm{dfnum}(v)$ と $L(v)$ の値を記してある．$L(v)$ の値は T といっしょに深さ優先の探索により求めることができる．コード 7.3 にそのアルゴリズムを示す．

$L[v]$ の定義より，$L[v]$ の値が決まるには，つぎの三つの可能性がある．すなわち，$L[v]$ の値は

$$\{\mathrm{dfnum}(v)\} \cup \{L(w) \mid w \text{ は } v \text{ の子}\} \cup \{\mathrm{dfnum}(w) \mid (v,w) \text{ は逆辺}\}$$

の中の最小値である．コード 7.3 の 8 行目，25 行目，30 行目でそれぞれの可能性を調べている．したがって，16 行目の `dfsb(w)` が終了した時点で $L(w)$ の計算は完了しており，つぎの 17 行目で v が関節点であるか否かの判定ができる．

このアルゴリズムでは，グラフの各辺はそれが初めて調べられるときにスタックにプッシュされる．深さ優先の探索が関節点 a の一つの子 s のすべての子孫の訪問を終え，a へ戻ろうとする時点で，a が関節点であることがわかる．したがって，DFST の葉に近い関節点から順に見つかることになる（図 7.8）．関節点が見つかった時点では，その関節点により分離される 2 連結成分で，いま探索を終えたばかりの 2 連結成分のすべての辺がスタックの上部（辺 (v,w) の位置からスタックの先頭までの間）を占めており，つぎの 18～22 行目でスタックからポップされる．したがって，関節点が見つかるごとに新たに見つかった 2 連結成分の辺の全体が，スタックからポップされることになる．

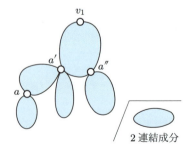

図 7.8 関節点（a は a' より先に見つかる）

```
1  void dfsb(int v)      /* グラフの2連結成分を見つける */
2  {
3      static int c;
4      int w;
5      struct edge e, e1;
6      struct element *l;

7      dfnum[v] = ++c;
8      L[v] = dfnum[v];
9      for (l = a[v]->next; l != NULL; l = l->next){
10         w = l->data;
11         e.u = v;
12         e.v = w;
13         if (dfnum[w] == 0){
14             push(&s, e);       /* 辺(v,w)をスタックにプッシュ */
15             father[w] = v;
16             dfsb(a, w);
17             if (L[w] >= dfnum[v]){
18                 do{    /* 辺(v,w)が出力されるまでスタックから辺をポップ */
19                     e1 = top(&s);
20                     pop(&s);
21                     printf(" (v%d, v%d)", e1.u, e1.v);
22                 } while (e1.u != v || e1.v != w);
23                 printf("\n");
24             }
25             L[v] = min(L[v], L[w]);
26         }
27         else
28             if (w != father[v] && dfnum[w] < dfnum[v]){
29                 push(&s, e);     /* 逆辺(v,w)をプッシュ */
30                 L[v] = min(L[v], dfnum[w]);
31             }
32     }
33 }

34 void main()
35 {
36     int i, n;

37     n = inputgraph(a);
38     initialize(&s);          /* スタックの初期化 */
39     for (i = 1; i <= n; i++)
40         dfnum[i] = 0;
41         dfsb(v1);            /* v1は出発点 */
42 }
```

コード 7.3　グラフの 2 連結成分を見つけるアルゴリズム

[例 7.4] v_2 を出発点として図 7.7 のグラフにコード 7.3 のアルゴリズムを適用したとき，スタックに辺が積まれる様子を表 7.1 に示す．v_2, v_4, v_3 を探索した時点 (t_1) で 3 本の辺がプッシュされている．探索が v_2 に戻ると $L(v_4) \geq \mathrm{dfnum}(v_2)$ なので，これらの 3 本の辺をポップしてスタックは空になる (t_2)．つぎに，v_5, v_{10}, v_1 を探索すると，4 本の辺がプッシュされる (t_3)．v_5 に戻り，ここから v_6, v_7, v_8, v_9 に探索を進めると，さらに 6 本の辺がプッシュされる (t_4)．v_6 に戻ると $L(v_7) \geq \mathrm{dfnum}(v_6)$ が成立しているので，スタックの先頭の 5 本の辺がポップされる (t_5)．さらに，v_5 に戻ると辺 (v_5, v_6) がポップされ (t_6)，最後に v_2 に戻ると残っていた 4 本の辺がポップされ終了する． ■

表 7.1 スタック内の変化

			(v_9, v_6)		
			(v_8, v_9)		
			(v_8, v_6)		
			(v_7, v_8)		
			(v_6, v_7)		
			(v_5, v_6)	(v_5, v_6)	
		(v_1, v_2)	(v_1, v_2)	(v_1, v_2)	(v_1, v_2)
(v_3, v_2)		(v_{10}, v_1)	(v_{10}, v_1)	(v_{10}, v_1)	(v_{10}, v_1)
(v_4, v_3)		(v_5, v_{10})	(v_5, v_{10})	(v_5, v_{10})	(v_5, v_{10})
(v_2, v_4)		(v_2, v_5)	(v_2, v_5)	(v_2, v_5)	(v_2, v_5)
t_1	t_2	t_3	t_4	t_5	t_6

コード 7.3 のアルゴリズムは基本的には深さ優先の探索を行うアルゴリズムであり，その時間計算量は $O(m)$ となる．ここで，m は辺の本数である．$O(n+m)$ ではなくて $O(m)$ となるのは，G が連結グラフなので $n-1 \leq m$ となるからである．以上のことを定理として述べておこう．

[定理 7.1] コード 7.3 のアルゴリズムは連結な無向グラフのすべての 2 連結成分を $O(m)$ の時間で見つける．

有向グラフ G の**強連結成分** (strongly connected component) というのは，G の部分グラフ H で，H の任意の二つの頂点 u, v に対して u から v への有向路が存在するようなもののうち，極大なものをいう．有向グラフの強連結成分を見つける $O(n+m)$ のアルゴリズムが知られているが，これも上で紹介した 2 連結成分を見つけるアルゴリズムと同様のアイデアに基づいている．興味のある読者は巻末に紹介さ

れている文献 [1, 4, 7] などを参照されたい．

7.4 最小スパニング木

7.2 節で述べたように，連結グラフ G のすべての頂点を含む部分グラフで木になっているものを G のスパニング木というが，一般に，グラフ G に対してそのスパニング木は多数存在する．いま，G を n 個の頂点をもつ連結な無向グラフで，各辺 e に重み $w(e)$ が与えられているとする．このとき，G のスパニング木の中で，含まれる辺の重みの総和が最小になるものを G の最小スパニング木とよぶ．図 7.9 にグラフ G とその最小スパニング木の例を示す．

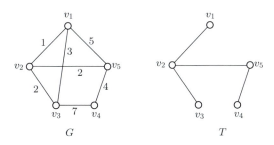

図 7.9 グラフ G とその最小スパニング木 T

この節では，辺に重みの付いたグラフ G が与えられたときに G の最小スパニング木を見つけるアルゴリズムを紹介する．最小スパニング木を見つける問題は，通信網の設計やガス・水道の配管などのような工学の多くの分野で現れる問題である．

コード 7.4 に示すアルゴリズムは**クルスカル (Kruskal) のアルゴリズム**とよばれ，

```
1  void kruskal()
2  {
3      int i;
4      重みの小さい順に辺を並べた列をe1,e2,...,emとする；
5      i = 0;
6      空集合Tを用意する；
7      while (|T| < n-1){
8          i++;
9          if (Tにeiを加えても閉路ができない)
10             Tにeiを加える；
11     }
12 }
```

コード 7.4　クルスカルのアルゴリズム（擬似コード）

つぎのように動作する．$G = (V, E)$ の各辺 e を重み $w(e)$ の小さい順に最小スパニング木 T の辺として採用していく．ただし，辺 e がそれまでに採用の確定した辺といっしょになって閉路を構成してしまうときには，その辺 e は採用しない．ここでは，数学記号を用いてアルゴリズムを記述している（後で C プログラムにする）．また，辺の集合 T と T の辺で構成されるグラフ $G' = (V, T)$ とを同一視している．なお，$|T|$ は集合 T の要素数を表す．

[**例 7.5**]　クルスカルのアルゴリズムを図 7.9 のグラフ G に適用する．まず重み最小の辺 (v_1, v_2) が T の辺として採用され，さらに (v_2, v_3)，(v_2, v_5) が採用される．つぎの候補は (v_1, v_3) であるが，この辺を採用すると T に閉路ができてしまうので，これは捨てる．つぎの重みの辺 (v_4, v_5) を採用すると図 7.9 の T が最小スパニング木として求まる．　■

コード 7.4 のアルゴリズムのように，各段階でコストの小さい要素を選んでいって，最終的にコスト最小の解を得るという方法は**グリーディ法**とよばれ，アルゴリズム設計の一般的技法の一つである（第 8 章）．

　このアルゴリズムで得られるスパニング木が確かに最小スパニング木になっているということは，つぎのようにしてわかる．まず，T_o を G の最小スパニング木とする．このアルゴリズムで得られたスパニング木を T とし，$e_1, e_2, \ldots, e_{n-1}$ は T の辺で，この順に T の辺として採用されたとする[†1]．いま，辺 e_k を $e_k \notin T_o$ で $e_i \in T_o$ $(i < k)$ なる辺とする．T_o に e_k を加えて得られるグラフ $T_o \cup \{e_k\}$ には一つの閉路ができる．その閉路に含まれる辺で T の辺でないものを e' とする（T の辺だけでは閉路を構成できないので，このような e' は必ず存在する）．このとき，$\{e_i \mid 1 \leq i < k\} \cup \{e'\}$ は（T_o の部分集合なので）閉路を含まないが，e_k が k 番目の T の辺として採用されているので，$w(e') \geq w(e_k)$ である．一方，$T_o \cup \{e_k\}$ から e' を除去するとまたスパニング木になるが，このスパニング木のほうが T_o よりも辺の重みの総和が小さいことはないので，$w(e') \leq w(e_k)$ である．よって，$w(e') = w(e_k)$ となり，T_o と $T_o \cup \{e_k\} - \{e'\}$ の辺の重みの総和は同じである．$T_o \cup \{e_k\} - \{e'\}$ を新たに T_o と置き直して上の議論を繰り返せば，最終的には T_o と T の辺の重みの総和が一致し，T は最小スパニング木であることがわかる．

　さて，コード 7.4 のアルゴリズムの時間計算量を見てみよう．4 行目は辺のソーティングを行う．第 3 章のマージソートまたはヒープソートを用いるとこの時間は

[†1]　スパニング木の辺の本数は $n - 1$ である．

$O(m \log m)$ であるが,$m \leq n^2$ なので $O(m \log n)$ でもある.9 行目で $T \cup \{e_i\}$ が閉路をもつか否かを調べているが,これは e_i の両端点を結ぶ路が T 内にあるか否かを見ればよい.先に紹介した深さ優先または幅優先の探索を用いればよいが,いずれの探索法を採用しても T に含まれる辺の本数に比例した時間がかかる.9 行目は最悪の場合 m 回繰り返されるので,合計すると $O(mn)$ の時間がかかることになる.したがって,このアルゴリズムの時間計算量は $O(mn)$ となる.

この 9 行目を効率よく実行するためのデータ構造を導入しよう.まず,次項のような集合の操作を行う問題(**UNION-FIND 問題**)を考える.

●7.4.1●UNION-FIND 問題

S を n 個の要素からなる集合とする.$S_1, S_2, \ldots, S_k$ を互いに素な S の部分集合とするとき,つぎの 2 種類の命令を考える.

$\quad$ union(S_i, S_j):集合 S_i と S_j を合併し新たに S_i と名前を付ける(もとの S_i と S_j は除去される)

$\quad$ find(a) $\quad\quad$:$a \in S_i$ である集合の名前 S_i を出力する

[例 7.6] $S = \{1, 2, 3, 4, 5\}$,$S_1 = \{2, 4\}$,$S_2 = \{1\}$,$S_3 = \{3, 5\}$ とする.find(3) を実行すると 'S_3' と出力される.つぎに,union(S_2, S_3) を実行すると,$S_1 = \{2, 4\}$,$S_2 = \{1, 3, 5\}$ となり,この後,find(3) を実行すると 'S_2' と出力される.■

いま,各 S_i がそれぞれ 1 個の要素だけからなる状態を初期状態とし,上の 2 種類の命令からなる系列 ρ を実行するという問題を考える.

ρ を効率よく実行するためにつぎのようなデータ構造を導入する.各 S_i について,そこに含まれる要素を頂点とする根付き木を用意し,その根には集合名 S_i が書いてある.$S_1 = \{1, 2, 3, 4, 5, 6, 7, 8\}$,$S_2 = \{9, 10\}$ のときの S_1 と S_2 の木の例を図 7.10 (a) に示す.

find(a) を実行するには,頂点 a から根までたどればよい.根には a を含む集合の名前が書いてある.したがって,木の高さ(葉から根までの路の長さの最大値)ができるだけ小さくなるようにすると,find 命令は効率よく実行できる.union(S_i, S_j) を実行するには,S_i と S_j の木で,高さの低いほうの根を高いほうの根の子にする(図 7.11).これは,新たにできる木の高さをなるべく低く抑えるためである.S_i と S_j の木の高さが同じときには,どちらか一方の根を他方の根の子にする.このときは,結果の木は高さが 1 だけ増加する.最後に,もし必要があれば根に書いてある集合名を修正する.

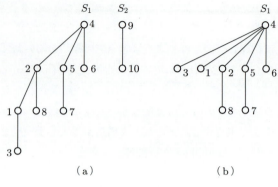

(a)　　　　　　　　　(b)

図 7.10　S_i の根付き木の例

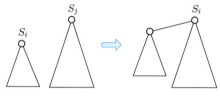

図 7.11　union(S_i, S_j)

上のようなデータ構造を実現するには大きさ n の配列 p があればよい．配列の要素 $p[a]$ には頂点 a の親を指すポインタが入る．頂点 a が根のときには親へのポインタの代りに集合名を入れておく．このデータ構造の基本操作を行う関数をコード 7.5 に示す．

ここでは，$S = \{1, 2, \ldots, n\}$ とし，集合 S_i の名前は S_i の木の根の名前と同じとしている（頂点 i が木の根であることを $p[i] = i$ となることで判定できる）．また，各頂点の高さを覚えるために配列 rank が用いられている．initialize は各 S_i がそれぞれ 1 個の要素だけからなる初期状態に対応する n 個の木を生成する関数である．すべての木は根のみからなるので，その高さは 0 である．

つぎに，各操作の実行時間を見てみよう．initialize の実行時間は $O(n)$ であるが，これは ρ の実行において最初に 1 回実行されるだけである．union は二つの木を接続するだけなので $O(1)$ で実行できる．union を 1 回実行すると部分集合 S_i の数が一つ減るので，ρ には union はたかだか $n - 1$ 回しか現れない．よって，ρ を実行する際に union 命令に費やす時間は $O(n)$ である．find を実行するには木の高さに比例する時間がかかるが，ρ の実行中に現れる木の高さは $O(\log n)$ 以下である．これはつぎのようにして示すことができる．まず，簡単な数学的帰納法により高さが k の木は必ず 2^k 個以上の頂点をもつことがわかる（高さが 0 の木は $2^0 = 1$ 個の頂点をもつ．

```
void initialize(int n)
{
    int i;

    for (i = 1; i <= n; i++) {
        p[i] = i;
        rank[i] = 0;
    }
}

void union(int s1, int s2)
{
    if (rank[s1] < rank[s2])
        p[s1] = s2;
    else
        p[s2] = s1;
    if (rank[s1] == rank[s2])
        ++rank[s1];
}

int find(int i)
{
    if (p[i] == i)
        return(i);
    else
        return(find(p[i]));
}
```

コード 7.5　union と find を行う関数

高さ $k-1$ の木は 2^{k-1} 個以上の頂点をもつと仮定する．高さが $k\ (\geq 1)$ の木が初めてできるのは高さ $k-1$ の二つの木が接続されて一つになるときなので，$2\times 2^{k-1} = 2^k$ 個以上の頂点をもつ）．どの木もたかだか n 個の頂点しかもちえないので，$2^k \leq n$ となり，これより $k \leq \log_2 n$ である．よって，find の実行に要する時間は $O(\log n)$ である．以上のことより，ρ に現れる find 命令の回数を m とすると，ρ は $O(n + m\log n)$ の時間で実行できることになる．

　実はもっと効率を上げることが可能である．$\mathrm{find}(a)$ を実行するとき，頂点 a から a を含む木の根 r まで上っていくが，このとき a を含め途中でたどった頂点をすべて r の子に変更する．この作業を**路の圧縮** (path compression) という．

[**例 7.7**]　図 7.10 (a) において $\mathrm{find}(3)$ を実行したとき，路の圧縮を行うと S_1 の木は同図 (b) のように変形する．

路の圧縮を行っても find の実行時間は定数倍にしかならない．一方，r の子となった頂点に対する次回からの find の実行時間は確実に短縮されるはずである．この変更は，コード 7.5 の関数 find の 5, 6 行目をつぎのように変更すればよい．

```
    else {
        p[i] = find(p[i]);
        return(p[i]);
    }
```

路の圧縮を行うと，rank$[i]$ は必ずしも頂点 i の高さを表さなくなるが不都合はない．このように変更したときの find 命令の実行時間の解析は複雑なので，ここでは紹介しない．結果のみを示すと，$m \geq n \geq 1$ のとき，ρ を実行する際に find に費やされる時間は合計で $O(mA^{-1}(m,n))$ となることが知られている[16,23]．ここで，$A^{-1}(m,n)$ は**アッカーマン関数** (Ackerman's function) とよばれる関数 $A(m,n)$ (演習問題 7.10) の逆関数で，$A^{-1}(m,n) = \min\{i \geq 1 \mid A(i, \lfloor m/n \rfloor) > \log_2 n\}$ と定義される．$A^{-1}(m,n)$ は非常にゆっくり増大する関数で，$n < 2^{16} = 65536$ ならば $A^{-1}(m,n) \leq 3$ である．$n \geq 2^{16}$ であっても，n が現実的な値ならば $A^{-1}(m,n) \leq 4$ である．よって，ならしてみれば 1 回あたりの find はほぼ定数時間で実行できることになる．

さて，このデータ構造を用いてコード 7.4 のクルスカルのアルゴリズムの 9 行目をつぎのように実装する．$T \cup \{e_i\}$ が閉路をもつか否かは e_i の両端点 u, v を結ぶ路がグラフ T 内にあるかどうかを調べればよいことは前に述べた．そこで，UNION-FIND 問題の S として G の節点集合 V を考え，T の一つの連結成分に含まれる頂点の集合を S の一つの部分集合 S_i とすれば，u と v が T の同じ連結成分に入っているかどうかは find(u) と find(v) の値が等しいかどうかを調べればよいことになる．find$(u) \neq$ find(v) のときには T に u から v への路がないので，e_i を T に加えることになるが，このとき，u と v を含んでいた二つの連結成分は辺 e_i で結ばれて一つの連結成分になる．対応する頂点の集合の合併は union 命令により実行される．9 行目の実行回数は $O(m)$ なので，その実行時間の合計は $O(n + mA^{-1}(m,n))$ となる．したがって，アルゴリズム全体の時間計算量は 4 行目のソーティングの時間に支配され $O(m \log n)$ となる．

なお，4 行目をつぎのように変更するとさらに効率の向上が期待できる．辺のソーティングは行わず，最初に辺集合 E をヒープにする（コード 3.10 の関数 makeheap を用いて $O(m)$ の時間でできる）．つぎに最小要素の削除を繰り返せば重みの小さい順に辺を取り出すことができる．こうすると，G の辺の数が比較的多く，E の辺の大

部分を調べる以前に T が完成してしまうときには有利である.

union-find のデータ構造を組み込んでクルスカルのアルゴリズムを C で実装したものをコード 7.6 に示す.

```
void kruskal(int m, int n)    /* nは頂点数，mは辺数 */
{
    int i, sizeofT;
    struct edge e;             /* edgeは重み付き辺を表す構造体 */

    sortedgearray(E, m);       /* 辺の配列Eを重みでソートする */
    initializeuf(n);           /* union-find データ構造の初期化 */
    i = 0;
    sizeofT = 0;
    while (sizeofT < n-1){
        e = E[++i];
        if (find(e.u) != find(e.v)){
            add(T, e);   /* Tにeを加える */
            ++sizeofT;
            union(find(e.u), find(e.v));
        }
    }
}
```

コード 7.6 クルスカルのアルゴリズムのプログラム

ここで，edge は辺 $e = (u, v)$ の両端点と e の重み $w(e)$ をメンバーとする構造体のタグである．E はグラフ G の辺の配列で，sortedgearray(E, m) は E の辺を重みの小さい順にソートする関数である．また，スパニング木は隣接リスト（へのポインタ）を格納する配列 $T[\ ]$ で表し，add(T, e) は，グラフ T に辺 e を加える関数である．

ここで紹介したクルスカルのアルゴリズムのほかに，よく知られているアルゴリズムとして**プリム** (Prim) によるアルゴリズムがある．クルスカルのアルゴリズムでは，いくつかの連結成分を徐々につないでいってスパニング木を構成したが，プリムのアルゴリズムでは，一つの連結成分を徐々に膨らましていく．データ構造としてヒープを用いたときのプリムのアルゴリズムの時間計算量は $O(m \log n)$ であるが，**フィボナッチヒープ** (Fibonacci heap) とよばれる巧妙に工夫されたデータ構造を用いると $O(m + n \log n)$ まで下がることも知られている．興味のある読者は巻末に紹介されている文献 [6, 23] を参照されたい．

7.5 最短路

有向グラフ $G = (V, E)$ の各辺 e に非負の重み $w(e) \geq 0$ がついているネットワークを考える．p を頂点 u から頂点 v への有向路とするとき，p に含まれる辺の重みの総和を p の**長さ** (length) という（グラフの路の長さは，各辺が1の重みをもつとしたときのネットワークの路の長さとみることができる）．頂点 u から頂点 v への**最短路** (shortest path) とは，u から v への有向路の中で長さが最も小さいものをいう．ここでは，指定された頂点 $s\ (\in V)$ から他のすべての頂点 v への最短路を見つけるダイクストラ (Dijkstra) のアルゴリズムと G のすべての2頂点間の最短路を見つけるワーシャル・フロイド (Warshall–Floyd) のアルゴリズムを紹介する．最短路を見つける問題としては，このほかに指定された2頂点 s, t 間の最短路を求める問題があるが，この問題に対してはダイクストラのアルゴリズムより効率のよい直接の方法は知られていない．

● 7.5.1 ● ダイクストラのアルゴリズム

コード7.7 にアルゴリズムを示す．ここでは，あらかじめ辺 $e = (u, v)$ の重みが配列の要素 $w[u][v]$ に入っているとしている．ただし，$(u, v) \notin E$ のときには $w[u][v] = \infty$ とする．このアルゴリズムはつぎのように動作する．アルゴリズムの実行の各時点で，まだ s からの最短路の長さが求まっていない頂点の集合を T とする（したがって，初期状態では $T = V - \{s\}$ である）．途中に $V - T$ の頂点だけを通るような s から v への有向路の長さの最小値を $D[v]$ とする．すると，T の頂点 v で $D[v]$ の値が最小なものを u とすれば（8行目），$D[u]$ は s から u への最短路の長さになっているはずである．なぜなら，s から u への有向路で途中で T の頂点を通るものは $D[v] \geq$

```
1   void dijkstra()
2   {
3       T = V - {s};
4       D[s] = 0;
5       for (v ∈ V - {s})
6           D[v] = w[s][v];
7       while (|T| > 0) {
8           Tの頂点でD[v]の値が最小となるものをuとする;
9           T = T - {u};
10          for (v ∈ T)
11              D[v] = min(D[v], D[u] + w[u][v]);
12      }
13  }
```

コード7.7　ダイクストラのアルゴリズム（擬似コード）

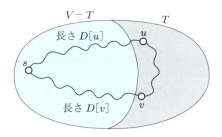

図 7.12 ダイクストラのアルゴリズムの説明

$D[u]$ なる頂点 $v \in T$ を必ず通り，しかも各辺の重みは非負だからである（図 7.12）．よって，s から u への最短路長が求まったので u を T から除去するが，このとき，T に残っている頂点 v で $(u, v) \in E$ となっているものについては $D[v]$ の値を更新する（9～11 行目）．

コード 7.7 でも数学記号を用いてアルゴリズムを記述している．5 行目の for 文は s 以外の各頂点に対して 6 行目を実行するという意味である．なお，$|T|$ は集合 T の要素数である．

[例 7.8] 図 7.13 (a) のグラフにダイクストラのアルゴリズムを適用したとき，$D[v]$ の値がどのように変化するかを同図 (b) に示す．

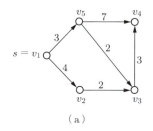

T	$D[v_2]$	$D[v_3]$	$D[v_4]$	$D[v_5]$
$\{v_2, v_3, v_4, v_5\}$	4	∞	∞	3
$\{v_2, v_3, v_4\}$	4	5	10	3
$\{v_3, v_4\}$	4	5	10	3
$\{v_4\}$	4	5	8	3

(a) (b)

図 7.13 アルゴリズムの計算過程

なお，コード 7.7 のアルゴリズムは最短路そのものではなく最短路の長さを求めているが，これを変更して最短路を出力するようにするのは容易なので読者の演習問題とする（演習問題 7.11）．また，このアルゴリズムでは，各段階で T の中から $D[v]$ の値の最も小さいものを選びながら処理を進めているが，これは，前節のクルスカルのアルゴリズム同様，一種の**グリーディ法**（第 8 章）である．

さて，このアルゴリズムの時間計算量を見てみよう．7～12 行目の while 文の実行時間がこのアルゴリズムの時間計算量を支配しているのは明らかである．8 行目では

T の各頂点を調べるので T の要素数に比例する時間がかかる．10 行目と 11 行目の実行時間も同様に T の要素数に比例する．while 文による繰り返しにより，T の要素の個数は $n-1$ から 0 まで 1 ずつ少なくなっていく．よって，8 行目と 10, 11 行目の実行時間の合計は $(n-1)+\cdots+2+1 = O(n^2)$ となり，これがコード 7.7 のアルゴリズムの時間計算量である．

最短路を求めるにあたっては，グラフの辺はすべて調べなければならないので，どのようなアルゴリズムでも $O(|E|)$ の時間はかかるであろう．したがって，$|E|=O(n^2)$ であるような，辺の本数が多いグラフに対しては $O(n^2)$ のアルゴリズムは効率のよいアルゴリズムであるといえる．しかし，たとえば $|E|=O(n)$ であるような，辺の本数の少ないグラフに対してはもっと改良する余地がある．コード 7.7 のアルゴリズムでとくに時間を費やしていた部分は 8 行目と 10, 11 行目である．いま，3 行目の T の要素をヒープにすることを考える（これは，空のヒープを用意して要素の挿入を繰り返せば $O(n\log n)$ の時間でできるし，もしコード 3.10 の関数 makeheap を用いるならば $O(n)$ の時間ですむ．ただし，ここで用いるヒープでの要素どうしの大きさの比較は $D[v]$ の値によるとする）．すると，8 行目は $O(1)$ 時間，9 行目の 1 回の計算は $O(\log n)$ で実行でき，while 文により n 回繰り返しても $O(n\log n)$ ですむ．10, 11 行目を実行するために，関数 decreaseD(v) を用意する．この関数は $D[v]$ の値が減少したことに伴ない，ヒープ T 内の要素 v の位置を変更して v がヒープ条件を満たすようにする関数である．この処理はコード 2.5 の関数 insert と同様なので，ヒープの高さ $O(\log n)$ に比例する時間で実行できる．コード 7.7 の 10, 11 行目では T のすべての頂点について更新しているが，$(u,v) \notin E$ なる頂点 v については $w[u][v]=\infty$ なので，実質的には $(u,v) \in E$ なる頂点，すなわち u からの辺が入っている頂点のみについて更新を行えばよい．したがって，G を隣接リストで与えることにすれば，11 行目は辺の本数（$|E|=m$）回だけしか実行されない．よって，アルゴリズム全体でも $O(m \log n)$ の時間で実行できることになり，これが改良版の時間計算量となる．また，このときの領域計算量は $O(m)$ である．

このように，改良されたアルゴリズムではグラフの辺が少ないときにはコード 7.7 のものよりずっと効率よく最短路を見つけることができる．たとえば，**平面グラフ**[†1] では $|E|=O(n)$ となるが，このようなグラフに対して改良版は $O(n\log n)$ で最短路を見つける．これは，改良前の $O(n^2)$ に比べれば格段の改善である．ただし，辺数の多いグラフに対しては，かえって悪い結果となることにも注意を要する．なお，前節の最小スパニング木の場合と同様に，巧妙なデータ構造と組み合わせて $O(m+$

---

†1 辺どうしが交差しないように平面上に描くことのできるグラフ．

$n \log n$) のアルゴリズムが得られることが知られている．興味のある読者は巻末の参考文献 [4, 6] を参照されたい．

ヒープを導入したダイクストラのアルゴリズムを C で実装したものをコード 7.8 に示す．ただし，ここでのヒープは実装上の理由でコード 2.5 を使っていない．`hsize` はヒープの要素数を表す変数，`hinsert` はヒープへの挿入を表す関数である．

```
void dijkstra(int s)
{
    int i, u, v;
    struct element *l;

    D[s] = 0;               /* 出発点sはv1とする */
    for (i = 2; i <= n; i++)
        D[i] = INFTY;       /* INFTYは∞に対応する適当な整数 */
    for (l = a[s]->next; l != NULL; l = l->next)
        D[l->vertex] = l->weight;
    hsize = 0;
    for (v = 2; v <= n; v++)    /* Tの頂点をヒープに挿入 */
        hinsert(v);
    while (hsize > 0){
        u = findmin();      /* uはD[v]の値が最小となる頂点 */
        deletemin();        /* T=T-{u} */
        for (l = a[u]->next; l != NULL; l = l->next){
            v = l->vertex;
            D[v] = min(D[v], D[u] + l->weight);
            decreaseD(v);
        }
    }
}
```

コード 7.8　ヒープを導入したダイクストラのアルゴリズム

●7.5.2● ワーシャル・フロイドのアルゴリズム

$V = \{v_1, v_2, \ldots, v_n\}$ とする．$d^k(i,j)$ を，頂点 v_i から頂点 v_j への有向路で途中に $\{v_1, v_2, \ldots, v_k\}$ の頂点しか含まないようなものの長さの最小値とする．ただし，そのような路がないとき $d^k(i,j) = \infty$ であるとする．$d^0(i,j)$ は辺 (v_i, v_j) の重みである．すると，$1 \leq k \leq n$ なる k に対して次式が成立する．

$$d^k(i,j) = \min(d^{k-1}(i,j), d^{k-1}(i,k) + d^{k-1}(k,j)) \tag{7.1}$$

すなわち，頂点 v_i から頂点 v_j への有向路で途中に $\{v_1, v_2, \ldots, v_k\}$ の頂点しか含まないもので最短のものをつぎの二つの場合に分けて考える．この路に頂点 v_k が含まれない場合には $d^k(i,j) = d^{k-1}(i,j)$ である．頂点 v_k が含まれるとしても，v_k が

その路に現れるのはただ一度なので，$d^k(i,j) = d^{k-1}(i,k) + d^{k-1}(k,j)$ である．したがって，式 (7.1) を使って $d^k(i,j)$ を $k=1,2,\ldots,n$ の順に計算することができ，求めようとしている $d^n(i,j)$ を得ることができる．

コード 7.9 に $d^n(i,j)$ を求めるアルゴリズムを示す．ここではあらかじめ辺 $e = (v_i, v_j)$ の重みが配列の要素 $w[i][j]$ に入っているとしている．ただし，$(v_i, v_j) \notin E$ のときには $w[i][j] = \infty$ とする．また，$w[i][i] = 0$ $(1 \leq i \leq n)$ である．下から 2 行目で $d^{k-1}(i,j)$ が $d^k(i,j)$ に置き替えられる．$d^k(i,j)$ を計算する時点では，$d^{k-1}(i,k)$ と $d^{k-1}(k,j)$ がすでに，$d^k(i,k)$ と $d^k(k,j)$ に置き替わっているかもしれないが，$d^k(i,k) = d^{k-1}(i,k)$，$d^k(k,j) = d^{k-1}(k,j)$ なので差しつかえない．

```
void warshall_floyd()
{
    int i, j, k;

    for (i = 1; i <= n; i++)
        for (j = 1; j <= n; j++)
            d[i][j] = w[i][j];
    for (k = 1; k <= n; k++)
        for (i = 1; i <= n; i++)
            for (j = 1; j <= n; j++)
                d[i][j] = min(d[i][j], d[i][k] + d[k][j]);
}
```

コード 7.9　ワーシャル・フロイドのアルゴリズム

[例 7.9]　図 7.13 (a) のグラフにワーシャル・フロイドのアルゴリズムを適用したとき，$d(i,j)$ の値がどのように変化するかを図 7.14 に示す．同図で，○で囲んだ部分が変化した箇所である．

	初期設定, $k=1$ v_1 v_2 v_3 v_4 v_5	$k=2$	$k=3, k=4$	$k=5$
v_1	0　4　∞　∞　3	0　4　⑥　∞　3	0　4　6　⑨　3	0　4　⑤　⑧　3
v_2	∞　0　2　∞　∞	∞　0　2　∞　∞	∞　0　2　⑤　∞	∞　0　2　5　∞
v_3	∞　∞　0　3　∞	∞　∞　0　3　∞	∞　∞　0　3　∞	∞　∞　0　3　∞
v_4	∞　∞　∞　0　∞	∞　∞　∞　0　∞	∞　∞　∞　0　∞	∞　∞　∞　0　∞
v_5	∞　∞　2　7　0	∞　∞　2　7　0	∞　∞　2　⑤　0	∞　∞　2　5　0

図 7.14　アルゴリズムの計算過程

なお，コード 7.9 のアルゴリズムも最短路の長さのみを出力するが，最短路そのものを出力するように変更するのは容易なので読者の演習問題とする（演習問題 7.12）．

このアルゴリズムの時間計算量が $O(n^3)$ であるのは for 文が 3 重になっていることから明らかであろう．また，2 次元配列 $d[1..n][1..n]$ を使用しているので，領域計算量は $O(n^2)$ である．このアルゴリズムはちょうど表 7.2 のような表の上の行から順に計算して値を埋める処理を行っていると考えられる．この表の k 行目の計算をするときに $k-1$ 行目の同じ場所の値が何度も使われる．$k-1$ 行目の各値は一度計算されると表に書き込まれるため，k 行目の計算でその値が必要になるごとに同じ計算を繰り返すという無駄が避けられている．このように，一度計算された途中結果を表として覚えておき，後の計算でその値が必要になったときには表を引くという方法は**動的計画法**（第 8 章）とよばれる．

表 7.2 $d^k(i,j)$ の計算

k	(i,j)				
0	$d^0(1,1)$	$d^0(1,2)$	$d^0(1,3)$	$\cdots$	$d^0(n,n)$
1	$d^1(1,1)$	$d^1(1,2)$	$d^1(1,3)$	$\cdots$	$d^1(n,n)$
2	$d^2(1,1)$	$d^2(1,2)$	$d^2(1,3)$	$\cdots$	$d^2(n,n)$
$\vdots$	$\vdots$	$\vdots$	$\vdots$	$\vdots$	$\vdots$
n	$d^n(1,1)$	$d^n(1,2)$	$d^n(1,3)$	$\cdots$	$d^n(n,n)$

7.6 最大フロー

ここで考えるネットワークは，有向グラフ $G=(V,E)$ の各辺 e に正の実数の重み $c(e)>0$ がついているものである．この $c(e)$ は辺 e の**容量** (capacity) とよばれる．s,t を G の特定の 2 頂点とする．いま，各辺 e が水道管のような管で，各頂点はそれらの管が接合されている部分であるとしよう．s には水の流入口があり，t には流出口があるとする．各辺では水はその辺の向きに流れ，しかも流量はその辺の容量を超えないとする．このとき，できるだけ多量の水を s からネットワーク内に流し込むというのが最大フロー問題である．形式的に述べると，頂点 s から頂点 t への**フロー** (flow) とは各辺 e に非負の実数値 $f(e)$ を割り当てる関数 f で，つぎの条件を満たすものである．

（i）すべての辺 e について $0 \leq f(e) \leq c(e)$ である．
（ii）s と t を除くすべての頂点 v について次式が成立する．

$$\sum_{e \in \mathrm{out}(v)} f(e) - \sum_{e \in \mathrm{in}(v)} f(e) = 0 \tag{7.2}$$

ここで，out(v) は頂点 v を始点とする辺の集合で，in(v) は頂点 v を終点とする辺の集合である．条件（ⅰ）は各辺を流れるフローはその辺の容量を超えないというものである．条件（ⅱ）は，s と t を除き各頂点に流れ込むフローとそこから流れ出るフローの量は等しいことをいっている．また，s はネットワークの**入口** (source)，t は**出口** (sink) とよばれる．次式で与えられる F をフロー f の**流量**という．

$$F = \sum_{e \in \text{out}(s)} f(e) - \sum_{e \in \text{in}(s)} f(e) \tag{7.3}$$

問題は，（ⅰ）と（ⅱ）の条件のもとで，F の値を最大にするフロー f を求めるというものである．このときの f を**最大フロー** (maximum flow) という．以下では，最大フローを求める**フォード・ファルカーソン** (Ford-Fulkerson) **のアルゴリズム**を紹介する．

このアルゴリズムは，基本的には，s から t への路を見つけそれに沿ってフローを流すということを繰り返すというものである．

[**例 7.10**] 図 7.15 (a) のネットワークの例で見てみよう．s から t への路は，7.2 節で述べた深さ優先の探索または幅優先の探索で見つけることができる．

いま，$s = v_1, v_3, v_4, v_6 = t$ をこの順序に通る路 p_1 が見つかったとしよう．p_1 の辺の容量はすべて 3 なので，p_1 に沿ってフローを 3 だけ流すことができる（同図 (b)）．他の辺のフローは 0 のままである．つぎに，再び s から t への路を探すわけであるが，辺 (v_1, v_3) のフローはすでに容量いっぱい流れている（飽和している）ので使えない．そこで，$s = v_1, v_2, v_4$ とたどると，辺 (v_4, v_6) もすでに飽和しているので v_4 から先に進めない．いま，$s = v_1, v_2, v_4, v_3, v_5, v_6 = t$ をこの順に通る路 p_2 を考える（辺 (v_3, v_4) の向きが p_2 の向きと逆なので有向路ではないことに注意）．p_2 に沿った流量 1 のフローを考え，これを図 (b) のフローに重ね合わせる（同図 (c)）．辺 (v_3, v_4) を流れる二つのフローは互いに逆向きなので差し引きされ，辺の向きに流量 2 のフローが流れることになる．これは，p_2 に沿ったフローが辺 (v_3, v_4) を流れていた流量 3 のフローを，流量 1 だけ押し戻したと考えることもできる．フローを重ね合わせても条件（ⅱ）はくずれないことに注意しよう．このようにして求まったフローが最大フローであるというのは s から出ている辺がすべて飽和していることから明らかである． ∎

さて，上の例 7.10 で見たように，このアルゴリズムで用いる s から t への路は普通の有向路ではない．このことを詳しく見てみよう．いま，最大フローではないがなん

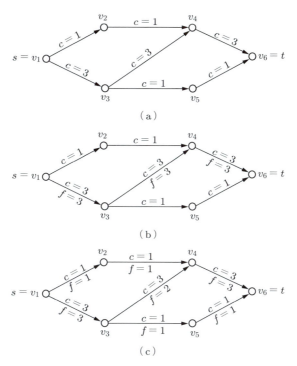

図 7.15　最大フローを求めた例

らかのフロー f がネットワークに流れているとする．辺の向きを無視した s から t への路 $p = (s = v_1, v_2, \ldots, v_k = t)$ を考える．p は，そこに含まれる各辺 e がつぎの条件を満たすとき**増分路** (augmenting path) であるという．

（a）$e = (v_i, v_{i+1})$ ならば $f(e) < c(e)$
（b）$e = (v_{i+1}, v_i)$ ならば $0 < f(e)$

すなわち，増分路 p の辺 e の向きが p の向きと一致するなら容量に $c(e) - f(e)$ だけの余裕があり，辺 e に関してはその余裕分はフローを増大させることが可能である．また，辺 e の向きが p の向きと逆向きならフローの流量 $f(e)$ の分はフローを押し戻すことができ，辺 e に関しては p の向きにフローを増大させる余裕が $f(e)$ だけあるとみなせる．したがって，p に沿ってフローを増やせる量は，p の各辺について上の（a）または（b）で決まる余裕の最小値である．アルゴリズムは増分路に関するつぎの定理に基づく．

[定理 7.2]　増分路が存在しないとき，そしてそのときだけフロー f は最大フローである．

フロー f が最大フローのとき増分路が存在しないのは明らかである．もし存在すれば，その増分路に沿ってフローを増大することができ，f が最大フローであることに矛盾するからである．増分路が存在しないときのフロー f が最大フローであるということの証明の概略はつぎのようである．増分路が存在しないので，s から t への（辺の向きを無視したときの）路はすべて途中のどこかで飽和した辺を通るかまたは流量が 0 の辺を逆向きに通る．s から出発してこれらの路をたどり飽和している辺または流量 0 の逆向きの辺を通らずに行ける頂点の集合を S とすると，$s \in S$, $t \in V - S$ である．S の頂点から出て $V - S$ の頂点に入る辺はすべて飽和しているので，これ以上フローを増大させることはできない．よって，フロー f は最大フローである．

一般に，頂点の部分集合 S が，$s \in S$, $t \in V - S$ であるとき，S の頂点から出て $V - S$ の頂点に入る辺の集合を**カット** (cut) とよび，その辺の容量の総和をその**カットの値**という．ネットワークの最大フローの値と最小カットの値は一致し，これを**最大フロー最小カットの定理**という．

アルゴリズムは流量 0 の初期フローから始め，増分路を見つけてそれに沿ってフローを増大させるということを繰り返す．定理より，増分路がなくなったらそのときのフローが最大フローである．コード 7.10 にアルゴリズムを示す．

```
int findpath(int n, int s, int t)
{
    int i, v, w, reached;
    struct element *l;

    for ( i = 1; i <= n; i++){
        visit[i] = 0;
        d[i] = INFTY;
    }
    reached = 0;
    visit[s] = 1;
    initialize(&q);     /* キューの初期化 */
    insert(&q, s);
    do {
        v = top(&q);
        delete(&q);
        for (l = b[v]->next; l != NULL; l = l->next){
            w = l->v;
            if (!visit[w] && f[v][w] < c[v][w]){
                visit[w] = 1;
                insert(&q, w);
                p[w] = v;
                d[w] = min(d[v], c[v][w] - f[v][w]);
                if (w == t)
```

```
                        reached = 1;
                }
            }
        } while (!empty(&q) && !reached);
    return reached;
}

void augment(int s, int t)
{
    int v;

    v = t;
    do {
        f[p[v]][v] += d[t];
        f[v][p[v]] -= d[t];
        v = p[v];
    } while (v != s);
}


void main()
{
    int n, s, t, reached;

    n = inputraph();
    initializecf(n);       /* 配列cとfの設定 */
    modifyadjlist(n);      /* 隣接リストb[]の生成 */
    reached = findpath(n, s, t);
    while (reached) {
        augment(s, t);
        reached = findpath(n, s, t);
    }
}
```

コード7.10　フォード・ファルカーソンのアルゴリズム

findpath は増分路を見つける関数である．b[v] は G を無向グラフとみなしたときの頂点 v の隣接リストである．この関数は，頂点 s から出発して幅優先の探索を行い頂点 t への増分路を見つけるが，フローを増大できる余裕があるような辺のみをたどって探索をしている．c[v][w] と f[v][w] は辺 (v,w) の容量と f の値である（ここでは，$(v,w) \notin E$ のときは c[v][w]=0 としている．常に f[v][w]=-f[w][v] となるようにしているため，辺を逆向きにたどるときの場合分けが省略できる）．たどってきた路を覚えるために配列 p が使われている．増分路を見つけると，その増分路に関する余裕の値が d[t] に入る．関数 augment はその増分路に沿ってフローを更新する．

増分路を見つけるのに幅優先の探索を用いたのには理由がある．いま，図 7.16 のネットワークの増分路を深さ優先の探索を用いて見つけることを考える．増分路として $p_1 = (v_1, v_2, v_3, v_4)$ を見つけたとすると，この増分路に沿って増やせるフローの流量は 1 だけである．もしつぎに，増分路として $p_2 = (v_1, v_3, v_2, v_4)$ を見つけると，これに沿って増やせるフローも流量 1 だけである．つまり，深さ優先の探索を用いると p_1 と p_2 を交互に見つけてしまう可能性があり，最大フローを得るまでに 2000 回の繰り返しが必要となってしまう．このように，深さ優先の探索を用いると増分路を見つける繰り返しの回数が辺の容量に依存する場合があるが，幅優先の探索を用いて長さの短い増分路から先に探していくと，このアルゴリズムはたかだか $O(mn)$ 回の繰り返しで最大フローを見つけることが証明されている[16, 23]．ただし，n と m はネットワークの頂点数と辺の本数である．実際，上の例で幅優先の探索を用いて短い増分路を先に見つければ，2 回の繰り返しだけで最大フローが求まる．幅優先の探索で増分路を見つけるのは $O(m)$ の時間でできるので，このアルゴリズムの時間計算量は $O(m^2 n)$ となる[†1]．

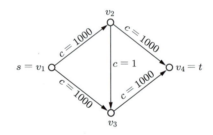

図 7.16　計算時間が辺の容量に依存する例

さらに効率のよいアルゴリズムがいくつか知られている．代表的なものとしては時間計算量 $O(mn^2)$ の**ディニック (Dinic) のアルゴリズム**や時間計算量 $O(n^3)$ の**カラザノフ (Karzanov) のアルゴリズム**がある．これらは，$m = O(n)$ ならばここで紹介したアルゴリズムと効率は同じであるが，辺の数が多いとき，たとえば $m = O(n^2)$ のときには格段に効率がよい．また，工夫されたデータ構造を用いてアルゴリズムの改良が試みられており，これまでのところ，$O(mn \log n)$ のものなども得られている．興味のある読者は巻末の文献 [4, 7, 16, 23] などを参照されたい．

---

†1　フォード・ファルカーソンらは増分路を見つけるための探索については組織だった方法を指定していない．幅優先の探索を用いるのはエドモンズ・カープ (Edmonds-Karp) の提案である．このため，ここで紹介したアルゴリズムは**エドモンズ・カープのアルゴリズム**とよばれることもある．

7.7 2部グラフのマッチング

無向グラフ $G = (V, E)$ の**マッチング** (matching) とは E の部分集合 M で，M のどの2本の辺も共通の端点をもたないようなものである．図7.17のグラフにおいて，太線で示す辺の集合は同一の頂点に接続している辺がないのでマッチングである．辺の本数が最大のマッチングを最大マッチングという．ここでは，2部グラフ G の最大マッチングを見つけるアルゴリズムを紹介する．グラフ G が**2部グラフ** (bipartite graph) であるというのは，G の頂点集合 V が二つの集合 V_1 と V_2 に分割でき，G のどの辺も一方の端点は V_1 に属し，他方の端点は V_2 に属すときをいう．図7.17のグラフは2部グラフである．なぜなら，図7.18 (a) のように頂点集合を二つに分割できるからである．

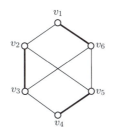

図 7.17　グラフのマッチング

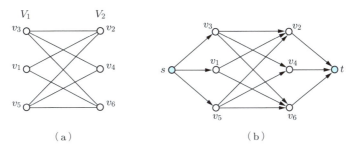

図 7.18　2部グラフ G とネットワーク N_G

いま，p 個の仕事 $(j_1, j_2, \ldots, j_p)$ を q 人の作業者 $(w_1, w_2, \ldots, w_q)$ で分担するとしよう．各作業者が担当できる仕事は，あらかじめ決まっているとして，できるだけ多くの作業が並行して行われるように各作業者に仕事を割り当てる問題を考える．2部グラフ G をつぎのように構成する．$V_1 = \{w_1, w_2, \ldots, w_q\}$，$V_2 = \{j_1, j_2, \ldots, j_p\}$ とし，作業者 w_i が仕事 j_k を担当できるとき頂点 w_i と頂点 j_k を辺で結ぶ．すると，仕事の割り当て問題は G の最大マッチングを求める問題に帰着する．

さて，2部グラフ G からつぎのようにしてネットワーク N_G を構成する．G の各辺に，V_1 の頂点から V_2 の頂点への向きをつける．N_G の入口と出口になる新たな2個の頂点 s, t $(\notin V)$ を加え，s から V_1 の各頂点へ向かう辺と，V_2 の各頂点から t に向かう辺を加える．すべての辺の容量を 1 とする．このようにして図 7.18 (a) の 2 部グラフから構成したネットワークを同図 (b) に示す．辺の容量がすべて 1 であることから，前節のアルゴリズムにより得られる流量 k のフロー f は s から t への互いに頂点を共有しない k 本の路を通ることになる．したがって，$f(e) = 1$ となる G の辺 e の集合は G のマッチングであり，N_G において最大フローを求めれば，G の最大マッチングが得られることになる．

最大フローは増分路を見つけることを繰り返して求めることができる．辺の容量が 1 なので最大フローの流量が $n/2$ を超えることはなく，しかも 1 回の繰り返しで，s から t へのフローの流量は必ず 1 だけ増加するので，繰り返しの回数はたかだか $n/2$ である．したがって，$O(mn)$ の時間で最大フローが得られ，最大マッチングが求まる．

2部グラフの最大マッチングを見つけるアルゴリズムとしては，ほかに時間計算量が $O(mn^{0.5})$ のものが知られている．また，一般のグラフの最大マッチングを求めるアルゴリズムでは $O(n^3)$ のものや $O(mn)$ のものが知られている[23]．G の各辺に重みがついているとき，G のマッチングで，含まれる辺の重みの総和が最大になるものを見つける問題を**重みつき最大マッチング問題**とよぶが，この問題を含め，最大マッチングを見つけるアルゴリズムに関しては現在でも精力的に研究がなされている．

グラフ $G = (V, E)$ の V の部分集合 S で，S のどの二つの頂点も辺で結ばれていないとき，S は**安定集合** (stable set) または**独立集合** (independent set) とよばれる．

[例 7.11] 図 7.17 のグラフでは $\{v_1, v_3, v_5\}$ は安定集合である．$\{v_1, v_3, v_4\}$ は v_3 と v_4 を両端点とする辺があるので安定集合ではない． ∎

多くの組合せ的問題がグラフの最大の安定集合を求める問題に帰着されるので，最大安定集合を見つける効率のよいアルゴリズムは重要である．しかし，G が一般のグラフの場合にはこの問題は NP 完全問題になり，効率のよいアルゴリズムは望めない[1,8]．G が 2 部グラフのときにはこの問題が最大マッチングを見つける問題に帰着できるため，最大マッチングのアルゴリズムを用いて最大安定集合を見つけることができる（演習問題 7.17 と 7.18）．

演習問題 7

7.1 図 7.4 のグラフの隣接行列と隣接リストを書け.

7.2 図 7.4 のグラフの DFST を図 7.3 と同様に表現せよ.

7.3 図 7.4 のグラフの頂点 v_4 を最初の出発点として深さ優先の探索を行え.

7.4 図 7.4 のグラフの頂点 v_4 を最初の出発点として幅優先の探索を行え.

7.5* $G = (V, E)$ を閉路をもたない有向グラフとする. $(v, w) \in E$ ならば頂点 v を頂点 w より先に訪れるという条件のもとで G のすべての頂点を訪れるアルゴリズムを書け. このアルゴリズムで訪れた順に G の頂点を並べることを**位相的ソート** (topological sort) という.

7.6 7.3 節の補助定理を証明せよ.

7.7 図 7.4 のグラフの 2 連結成分をコード 7.3 のアルゴリズムを用いて見つけよ.

7.8 UNION-FIND 問題の各命令をつぎのような順に実行したときの結果の木を図示せよ. ただし, 関数 find では路の圧縮が行われるとする.

　　initialize; union(2, 8); union(7, 6); union(3, 5); union(9, 7); union(3, 7); union(4, 1); union(2, 4); union(2, 3); find(9)

7.9* n 個の union 命令と m 個の find 命令の系列 ρ を $O(m + n \log n)$ の時間で実行するデータ構造を考案せよ. [**ヒント**: 各 S_i を高さ 1 の木で表せ.]

7.10 7.4.1 節のアッカーマン関数 $A(i, j)$ は以下の式で定義される[†1].

$$A(1, j) = 2^j \qquad \text{(すべての } j \geq 1 \text{ について)}$$
$$A(i, 1) = A(i-1, 2) \qquad \text{(すべての } i \geq 2 \text{ について)}$$
$$A(i, j) = A(i-1, A(i, j-1)) \qquad (i, j \geq 2 \text{ のとき)}$$

このとき, $A(3, 1)$, $A(3, 2)$, $A(3, 3)$, $A(4, 1)$ を求めよ.

7.11 ダイクストラのアルゴリズムを変更して, 頂点 s から他の頂点 v への最短路を出力できるようにせよ. [**ヒント**: v が指定されたら直ちに s–v 間の最短路が出力できるように s からの最短路を根付き木で表現しておく.]

7.12 ワーシャル・フロイドのアルゴリズムを変更して, 頂点 u から頂点 v への最短路を出力できるようにせよ. [**ヒント**: u と v が指定されたら直ちに u–v 間の最短路が出力できるように情報を蓄えておく.]

7.13 ワーシャル・フロイドのアルゴリズムは, G に $w(e) < 0$ となる辺 e があっても, 負の長さの閉路がなければ正しく最短路を見つけることを証明せよ.

[†1] アッカーマン関数は, 計算可能性の理論において原始帰納的ではない関数の例として与えられた関数である. $A(1, j) = j + 1$ または $A(1, j) = 2j$ と定義されることもあるが, いずれの定義にせよ急激に増大する関数である.

7.14 フォード・ファルカーソンのアルゴリズムでは，$c(e)$ と $f(e)$ がそれぞれサイズ $n \times n$ の配列に格納されているので，領域計算量は $O(n^2)$ である．データ構造としてリストを用い，領域計算量が $O(m)$ になるようにせよ．

7.15 "最大フロー最小カットの定理" を証明せよ．

7.16 無向グラフ G が k-辺連結であるというのは，G から任意の k 本未満の辺を除去しても結果のグラフが連結であるときをいう．つぎの定理を証明せよ．

[定理]（メンガー (Menger)） G の任意の異なる 2 頂点が k 本以上の互いに辺を共有しない路で結ばれているとき，そしてそのときだけ G は k-辺連結である．

7.17* $G = (V, E)$ が 2 部グラフで，M をその最大マッチングとすると，G の最大安定集合の大きさは $|V| - |M|$ であることを示せ．

7.18* 2 部グラフ G とその最大マッチング M が与えられたとき，G の最大安定集合を求めるアルゴリズムを書け．

第8章
アルゴリズム設計の基本的技法

　これまでに見てきたように，工夫された効率のよいアルゴリズムは，個々の問題のもつ固有の構造を注意深く解析し，深い洞察と創意のもとでそれを巧みに利用して設計されている．このことは，一見，アルゴリズムの設計が発見的な，思いつき的な作業であるかの印象を与えるかもしれない．しかし，これらの効率のよいアルゴリズムを設計手法の分類という立場から眺めてみると，使われている手法にいくつかの基本的な共通点があることがわかる．本章ではこれらの基本的設計技法を整理し解説する．アルゴリズムの設計にあたっては，まず，ここで紹介する基本的技法のどれかと適切なデータ構造の組合せによって効率のよいアルゴリズムを構成しようと試みるのが，最初の方針となろう．ただし，ここで紹介する設計技法はアルゴリズム設計の一般的な指針を与えているだけであるから，これらの設計法にしたがって設計すれば自動的に効率のよいアルゴリズムが得られるというわけではない．また，第5章のストリングマッチングアルゴリズムのように，ここで紹介する設計技法の範疇には入らないアルゴリズムがあることにも注意を要する．

8.1 分割統治法

　対象となる問題をいくつかの部分問題に分割し，それらを解いて得られた解を統合してもとの問題の解を得るという技法を**分割統治法** (divide-and-conquer) という．効率のよいアルゴリズムを設計する際の強力な原理の一つである．分割されてできた部分問題がもとの問題と同一の問題（ただし，入力サイズは小さくなる）であることが多く，このときアルゴリズムは関数の再帰呼び出しを用いて記述できる．また，できるだけ同じサイズの部分問題に分割することが効率のよいアルゴリズムにつながる．分割統治法に基づいたアルゴリズムの例として第3章のマージソートを見てみると，素朴なソーティングアルゴリズムの時間計算量が $O(n^2)$ なのに対し，マージソートでは $O(n \log n)$ と大幅に効率が改善されている．このほかにも，クイックソートや高速フーリエ変換など，分割統治法の威力が発揮されているアルゴリズムは多い．

　分割統治法の興味ある応用例として，二つの行列の積を計算する**シュトラッセン** (Strassen) **のアルゴリズム**を紹介しよう．

[例 8.1]（シュトラッセンのアルゴリズム） A, B をそれぞれ実数を要素とする $n \times n$ 行列とする。A と B の積 $AB = C$ を定義どおりに計算する素朴なアルゴリズムでは $O(n^3)$ の時間がかかる。これは、C の一つの要素 c_{ij} を計算するのに $O(n)$ 回の算術演算が必要なためである。一見すると、これより効率のよいアルゴリズムは望めそうにないが、分割統治法を適用してつぎのようなアルゴリズムを構成することができる。

A, B, C をそれぞれつぎのように四つの $(n/2) \times (n/2)$ 行列に分割する（便宜上 $n = 2^k$ とする）。

$$\begin{bmatrix} A_{11} & A_{12} \\ A_{21} & A_{22} \end{bmatrix} \begin{bmatrix} B_{11} & B_{12} \\ B_{21} & B_{22} \end{bmatrix} = \begin{bmatrix} C_{11} & C_{12} \\ C_{21} & C_{22} \end{bmatrix}$$

すると、A と B の積を計算することは C_{ij} $(1 \leq i, j \leq 2)$ を求めることになる。これらの C_{ij} は、$(n/2) \times (n/2)$ 行列を一つの要素とみなして 2×2 行列どうしの積を計算するのと同様にして計算できる（演習問題 8.2）。

$$\begin{aligned} C_{11} &= A_{11}B_{11} + A_{12}B_{21}, \\ C_{12} &= A_{11}B_{12} + A_{12}B_{22}, \\ C_{21} &= A_{21}B_{11} + A_{22}B_{21}, \\ C_{22} &= A_{21}B_{12} + A_{22}B_{22} \end{aligned} \qquad (8.1)$$

これらの C_{ij} を式 (8.1) のとおり計算すると、$(n/2) \times (n/2)$ 行列の乗算と加減算がそれぞれ 8 回と 4 回必要である。再帰的にこの計算法を繰り返したときの時間計算量はつぎのようになる。$n \times n$ 行列の積の計算時間を $T(n)$ で表すと次式が成立する。

$$T(n) = \begin{cases} 8T\left(\dfrac{n}{2}\right) + O(n^2) & (n \geq 2) \\ O(1) & (n = 1) \end{cases} \qquad (8.2)$$

これを解くと $T(n) = O(n^{\log_2 8}) = O(n^3)$ となり（演習問題 8.3）、素朴なアルゴリズムと同じ計算量になってしまい、このままでは分割統治法を導入した意味がない。

シュトラッセンは、式 (8.1) を計算するのに $(n/2) \times (n/2)$ 行列の乗算と加減算がそれぞれ 7 回と 18 回でできることを示した。これはつぎのように行われる。まず、7 個の $(n/2) \times (n/2)$ 行列 $M_1, \ldots, M_7$ を計算する。

$$M_1 = (A_{12} - A_{22})(B_{21} + B_{22}),$$
$$M_2 = (A_{11} + A_{22})(B_{11} + B_{22}),$$
$$M_3 = (A_{11} - A_{21})(B_{11} + B_{12}),$$
$$M_4 = (A_{11} + A_{12})B_{22},$$
$$M_5 = A_{11}(B_{12} - B_{22}),$$
$$M_6 = A_{22}(B_{21} - B_{11}),$$
$$M_7 = (A_{21} + A_{22})B_{11}.$$

ここまでで, $n/2 \times n/2$ 行列の乗算は 7 回しか行っていないことに注意しよう. 各 C_{ij} はつぎのように加減算のみで計算できる.

$$C_{11} = M_1 + M_2 - M_4 + M_6,$$
$$C_{12} = M_4 + M_5,$$
$$C_{21} = M_6 + M_7,$$
$$C_{22} = M_2 - M_3 + M_5 - M_7.$$

$(n/2) \times (n/2)$ 行列の乗算にも同じ方法を再帰的に繰り返し適用する. $T(n)$ を $n \times n$ 行列の積の計算に要する演算回数とすると次式が成立する.

$$T(n) = 7T\left(\frac{n}{2}\right) + 18\left(\frac{n}{2}\right)^2 \quad (n \geq 2) \tag{8.3}$$

この式を解くと $T(n) = O(n^{\log_2 7}) = O(n^{2.81})$ となり (演習問題 8.4), 素朴なアルゴリズムの $O(n^3)$ よりも効率が向上したことがわかる. ■

シュトラッセンのアルゴリズムは, 素朴なアルゴリズムに比べ漸近的には効率が向上しているが, O 表記に隠れた定数係数が大きくなるため実用的ではないといわれている. しかも, 実際にプログラムにしたときの算術演算以外の作業に要する時間を考慮すると, 事態はもっと悪くなるであろう. しかし, このアルゴリズムにより, 一見最適であろうと思われる素朴なアルゴリズムが実は最適ではないということが明らかになった. このことは, 直観的な議論のみでアルゴリズムの最適性を論ずることは危険で, 厳密な理論的取り扱いが必要であることを再認識させた. この意味で, シュトラッセンのアルゴリズムの出現はアルゴリズムおよび計算量の理論に携わる人々にとって衝撃的な出来事であった.

8.2 動的計画法

　動的計画法（Dynamic Programming, DP ともいう）は，対象となる問題の部分問題の解を計算して記憶しておき，それらを用いてもとの問題の解を計算するという技法で，もともとは制御理論で開発され発展した技法である．分割統治法と似ているが，つぎの点で異なる．分割統治法では，問題を分割してできる部分問題を個々に計算し解を求めるので，部分問題がさらに小さな部分問題に分割されたときに同一の問題が現れても，それぞれ別個に計算される．したがって，このような問題に分割統治法を適用すると効率が悪い（演習問題 8.6）．これに対し，動的計画法では，一度計算して得られた部分問題の解は表の中に記憶して計算を進めるため，その解が再び必要になったときには表を引くだけでよく，むだな計算をしないですむ．計算は小さな部分問題から，より大きな部分問題へと解を表に記入しながら進む．つぎの簡単な例をみれば，この技法は容易に理解できよう．なお，本書で紹介したアルゴリズムでは，最適 2 分探索木を構成するアルゴリズム（4.4 節）と最短路を求めるワーシャル・フロイドのアルゴリズム（7.5 節）が動的計画法に基づいている．

[例 8.2]（行列の積の演算コスト）　n 個の行列の積 $M_1 M_2 \cdots M_n$ を計算するときの最小の演算コストを求めよ．ただし，各 M_i のサイズは $p_i \times q_i$（p_i 行 q_i 列）で，$q_i = p_{i+1}$ $(1 \leq i < n)$ である．また，$p \times q$ 行列と $q \times r$ 行列の積を計算するときの演算コストは pqr とする．

　問題の意図を理解するためにつぎの例を見てみよう．$n = 4$ とし，M_1, M_2, M_3, M_4 のサイズは，それぞれ 20×20, 20×100, 100×20, 20×10 とする．$((M_1 M_2) M_3) M_4$ と計算すると演算コストは 84000 となるが，$M_1 (M_2 (M_3 M_4))$ と計算すると演算コストは 44000 に減る．問題は，行列の積の順序を変化させたときの最小の演算コストを求めよ，というものである．この問題をすべての順序を総当たり的に調べて解こうとすると指数時間がかかることに注意しよう（演習問題 8.9 と 8.10）．　　■

　さて，この問題に動的計画法を適用する．$j - i + 1$ 個の行列の積 $M_i M_{i+1} \cdots M_j$ を計算するときの最小の演算コストを m_{ij} とすると，問題は m_{1n} を求めることに帰着する．$M_i M_{i+1} \cdots M_j$ を計算するときの最後に計算される積の位置に着目すると，m_{ij} に関してつぎの式を得る．

$$m_{ij} = \begin{cases} 0 & (i = j \text{ のとき}) \\ \min_{i \leq k < j}(m_{ik} + m_{k+1j} + p_i q_k q_j) & (i < j \text{ のとき}) \end{cases} \quad (8.4)$$

ここで，$\min$ は $i \leq k < j$ の範囲で k を変化させたときの括弧内の値の最小値を求める演算である．この式に従い，添字の差 $(j - i)$ が小さい順に m_{ij} を計算して最終的に m_{1n} を求めることができる．アルゴリズムをコード 8.1 に示す．このアルゴリズムの時間計算量が $O(n^3)$ であるのは，for 文が 3 重になっていることから明らかであろう．なお，INFTY は m_{ij} $(1 \leq i < j \leq n)$ よりも大きな整数とする．このアルゴリズムは表 8.1 のような表を上の行から順に計算しているとみなすことができる．行列の積の順序を実際に出力するようにこのアルゴリズムを変更するのは容易なので，読者の演習問題とする（演習問題 8.11）．

```
void costcomp(int n)
{
    int d, i, j, k;

    for (i = 1; i <= n; i++)
        m[i][i] = 0;
    for (d = 1; d <= n-1; d++) {
        for (i = 1; i <= n-d; i++) {
            j = i + d;
            m[i][j] = INFTY;
            for (k = i; k < j; k++)
                m[i][j] = min(m[i][j], m[i][k] + m[k+1][j] + p[i]*q[k]*q[j]);
        }
    }
}
```

コード 8.1　行列の積の演算コストを求めるアルゴリズム

表 8.1　m_{ij} の計算順序

	$i = 1$	2	3	$\cdots$	$n-1$	n
$d = 0$	m_{11}	m_{22}	m_{33}	$\cdots$	$m_{n-1\,n-1}$	m_{nn}
1	m_{12}	m_{23}	m_{34}	$\cdots$	$m_{n-1\,n}$	
$\vdots$			$\cdots$			
$n-2$	$m_{1\,n-1}$	$m_{2\,n}$				
$n-1$	$m_{1\,n}$					

8.3 グリーディ法

ある評価基準のもとで最もよい解を見つけるというタイプの問題を**最適化問題** (optimization problem) という．最適化問題を解くとき，計算の各段階で最も利益の大きい部分解を選びながら計算を進め，それらの部分解を合わせたものを最終的な解にするという技法を**グリーディ法** (greedy algorithm) または**貪欲算法**とよぶ．

[例 8.3] 与えられた大きなデータファイルを何個かの USB メモリ (容量は 10 GB，5 GB，1 GB の 3 種類があるとする) に分割して格納するとき，各 USB メモリにはすきまなく格納するという制約のもとで USB メモリの個数を最小にするという問題は，USB メモリの個数を評価基準とした最適化問題である．この問題で，与えられたデータファイルの大きさが 27 GB であったとする．グリーディ法では，まず，10 GB の USB メモリを 2 個用意し，つぎに，残り 7 GB のために 5 GB の USB メモリを 1 個用意し，最後に，残り 2 GB のために 1 GB の USB メモリを 2 個用意する．これで，データファイルを分割して 5 個の USB メモリに格納でき，これが最小の個数である．この方法は，1 個の USB メモリにできるだけ大量のデータを格納しようとして，まず，最も容量の大きい USB メモリを次々といっぱいにしていき，半端になって残ったデータをつぎに容量の大きい USB メモリに同様にして格納し，以下これを繰り返すというものである．

グリーディ法は，ある金額を何種類かの紙幣と硬貨で用意するときのように，おそらく種々の状況下で我々が無意識のうちに用いている素朴なアルゴリズムである．ただし，将来のことを考えずに目先の利益のみを追って計算を進めるわけであるから，一般の組合せ問題に対しては，この方法で最適解が求まることは少ない．上の例 8.3 でも，USB メモリの種類が 10 GB，8 GB，1 GB の 3 種類だった場合には，グリーディ法では，10 GB を 2 個と 1 GB を 7 個という合計 9 個の解を見つけてしまうが，最適解は，10 GB を 1 個，8 GB を 2 個，それに 1 GB を 1 個の合計 4 個である．

このように，問題によってはグリーディ法は最適解を求めるのに必ずしも有効ではないが，その単純さから効率がよく，発見的手法と併用して近似解を見つけるアルゴリズムに応用されることもある．また，ある種の組合せ的な構造をもつ問題に対してはグリーディ法で常に最適解が求まることが知られている[16]．本書では，第 7 章で紹介した最小スパニング木を求めるアルゴリズムや最短路を求めるダイクストラのアルゴリズムがグリーディ法に基づいたアルゴリズムで，これらは常に最適解を見つけることが保証されている．

8.4 分枝限定法

最適化問題で，それを解く効率のよいアルゴリズムが知られていない場合には，解の候補をすべてしらみつぶしに探索するという方法（**しらみつぶし法**，exhaustive search）がとられることがある．このためには，すべての解の候補を系統的に列挙する方法が必要であり，また，最適解にはなりえない候補の探索はなるべく早い段階で打ち切ることが効率化のために重要となる．**分枝限定法** (branch-and-bound) は，このようなむだな探索の打ち切りを効率よく行うための技法である．例として巡回セールスマン問題を取り上げよう．

[**例 8.4**]（**巡回セールスマン問題** (traveling salesman problem)）　グラフ G のすべての頂点をちょうど一度ずつ通る閉路は**ハミルトン閉路**とよばれる．巡回セールスマン問題は，辺に重みの付いたグラフ $G = (V, E)$ が与えられたとき，そのハミルトン閉路でコスト（含まれる辺の重みの総和）が最小となるものを見つける問題である．この問題は NP 困難問題の一つで，1.2 節で述べたように，多項式時間のアルゴリズムはおそらく存在しないであろうと予測されている．　■

G のすべてのハミルトン閉路を列挙する関数をコード 8.2 に示す．この関数はグラフ G の適当な頂点（ここでは A とする）を出発点としてハミルトン閉路を探す．図 8.1 (a) のグラフに対し，この関数を実行したときのハミルトン閉路の列挙の過程は同図 (b) の根付き木で表される．この木において，ラベル L をもつ頂点は SEARCH(L) が呼ばれたことを示す．解の候補を列挙する過程は，根 r から出発して，この木を深さ優先の探索を行うことと解釈でき，根から葉に向かって探索が進むに従い，徐々にハミルトン閉路が構成される．このような木は**探索木** (search tree) とよばれる．この木で，＊のついた頂点が G のハミルトン閉路に対応する．したがって，巡回セールスマン問題を解くには，探索木に現れたハミルトン閉路の中でコスト最小のものを見つければよいことになる．

コード 8.2 の関数は確かに G のすべてのハミルトン閉路を列挙しているが，同じハミルトン閉路を 2 度ずつ見つけていて，むだな列挙を行っている．これを防ぐために，SEARCH(A) の実行過程で，適当な 2 個の頂点（ここでは B と C とする）を選び，頂点 B と頂点 C はこの順にのみ訪れるようにすればよい．このためには，関数 SEARCH(v) の if 文を下のように変更すればよい．

```
if (!visit[w] && (w != C || visit[B]))
```

```
void SEARCH(int v)
{
    int w;
    struct element *l;

    visit[v] = ++level;
    for ( l = a[v]->next; l != NULL; l = l->next) {
        w = l->vertex;
        if (!visit[w])
            SEARCH(w);
    }
    visit[v] = 0;
}


void main()
{
    int n, i;

    n = inputgraph(a);    /* 重み付きグラフの入力 */
    for (i = 1; i <= n; i++)
        visit[i] = 0;
    SEARCH(A);
}
```

コード8.2　ハミルトン閉路を列挙する関数

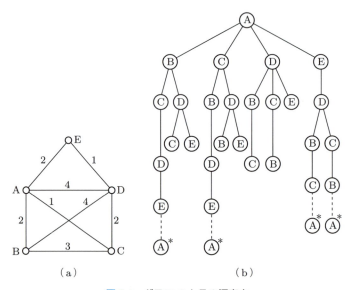

図8.1　グラフ G とその探索木

このように変更したときの探索木は図 8.2 (a) のようになり，解の候補の列挙の手間が大幅に減ることがわかるであろう．このように，探索木の途中で，不要な探索にできるだけ早く気付き，その先を探索しないようにすることを探索木の**枝刈り** (pruning) という．

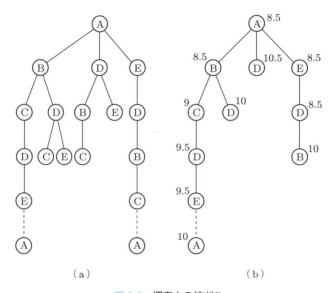

図 8.2 探索木の枝刈り

さて，巡回セールスマン問題のような最適化問題では，探索中の解のコストから得られる情報を積極的に利用して，さらに探索木の枝刈りをすることができる．このための技法が分枝限定法である．巡回セールスマン問題は，G のハミルトン閉路でコストが最小のものを見つける問題であるから，探索木をたどる途中で，その時点までに見つかったハミルトン閉路のコストの最小値 U（最適解のコストに対し上界となる）を覚えておけば，頂点 v から下に探索を行って得られるハミルトン閉路のコストが U より大きくなることが判明したときには，v から下の探索はむだであるから，その探索を打ち切ることができる．この枝刈りを行うために，各頂点 v を探索するとき，つぎのように定義する値 l_v を計算する．G の各頂点について辺を 2 本ずつ選び，それらの重みの総和を 2 で除した値を l_v とする．ただし，探索木の根から v にいたる間に構成されてきたハミルトン閉路（の一部）に含まれる辺は優先的に選ばれる．その他の辺では重みの小さいほうを優先して選ぶ．l_v は，v から下に探索を進めたときに見つかるハミルトン閉路のコストより大きいことはない（すなわち，このコストに対し下界となっている）．したがって，l_v と U を比較して，$l_v \geq U$ ならば，v より下へ探

索を進めて得られるハミルトン閉路のコストは U と同じか U より大きくなってしまうので，この探索は最適解（コスト最小のハミルトン閉路）を見つけるのには役立たない．よって，v から下の探索は不要である．

図 8.2 (a) の探索木に上で述べた枝刈りを行った探索木を同図 (b) に示す．この木の各頂点に付いている数値が l_v である．根から探索が始まるが，G の各頂点に接続する 2 本の辺の重みの合計の最小値は 17 なので，$l_v = 8.5$ である．探索を開始する時点では U の値を十分に大きな値にしておく（もし，何らかの方法で最適解のコストの上界がわかるならば，U はその値に設定しておけばよい）．$l_v < U$ なので探索は根の 1 番目の子（ラベル B をもつ）に進む．この頂点では，l_v は辺 (A, B) を必ず選ぶという条件のもとで計算され，その値は再び 8.5 となる．つぎの頂点（ラベル C をもつ）の探索では，l_v の計算は辺 (A, B) と辺 (B, C) を必ず選ぶという条件のもとでなされ，$l_v = 9$ となる．以下同様にして探索が進み，ラベル A のついた頂点に至る．この時点でハミルトン閉路が見つかり，$l_v = 10$ となる（これは見つかったハミルトン閉路のコストでもある）．ここで，U を 10 に更新し，探索はラベル B をもつ頂点の 2 番目の子（ラベル D をもつ）に移る．ここでは，$l_v = 10$ となり，$l_v \geq U$ なので，この頂点の探索はこれで終了する．つぎの探索は根の 2 番目の子であるが，l_v を計算すると，$l_v = 10.5$ となり，$l_v \geq U$ なので，この探索もこれで終了する．最後に，根の 3 番目の子から探索を進めるが，ラベル B のついた頂点の探索を始める時点で $l_v = 10$ となり，$l_v \geq U$ なので，これ以上の探索を行わない．これで探索はすべて終了し，先に見つけたハミルトン閉路が最適解であることがわかる．図 8.2 (b) の探索木は同図 (a) の探索木よりさらに少ない探索ですんでいる．

この例のように，分枝限定法では，最適解のコストの上界 U と探索木の各頂点で計算される下界 l_v とを用いて枝刈りを行い，調べるべき解の候補の数を制限する．下界の作り方や上界の初期値の決め方，それに，枝刈りの仕方を工夫することにより，実用に耐えるアルゴリズムが得られることも多い．

8.5 局所探索法と発見的アルゴリズム

最適化問題において，解ではあるが最適性は保証されていないものを**可能解** (feasible solution) とよぶ．最適化問題は可能解の中からコスト最適な解を見つける問題である．たとえば最小スパニング木を見つける問題（7.4 節）では，普通，グラフ G のすべてのスパニング木が可能解で，その中のコスト（つまり含まれる辺の重みの総和）が最小のスパニング木が求める最適解である．n 都市の巡回セールスマン問題では，すべての可能な巡回路（$n!$ 個ある）が可能解で，コスト最小の巡回路が最適解で

ある．**局所探索** (local search) とは，つぎのようにして最適解を求めようとする技法である[†1]．最初に，可能解を一つ適当に選び，暫定解 s の初期値とする．つぎに，s の近傍（s によって定まるある可能解の集合）を求め，その中から s よりもよい解を選び，それを新たに s とする．以下これを繰り返して，s の近傍の中に s よりもよい解が見つからなくなったとき，その s を出力する．

局所探索では，初期解の選び方により真の最適解が選られる場合とそうでない場合とがある（図 8.3）．局所探索で得られる解のことを**局所最適解** (locally optimal solution) とよぶ．これに対し，真の最適解を**大域最適解** (globally optimal solution) とよぶこともある．まず，局所探索が常に大域最適解を見つける例を見てみよう．

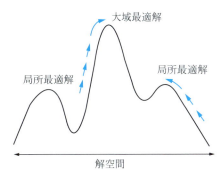

図 8.3　局所探索

[**例 8.5**]（最小スパニング木問題）　7.4 節ではこの問題を解くアルゴリズムとして，グリーディ法に基づいたものを紹介した．ここでは局所探索によって最適解を見つけるアルゴリズムを紹介する．初期解としてスパニング木 T を任意に一つ選ぶ．T の近傍はつぎのようにして求める．T に含まれない任意の辺 e を T に加える．このとき，一つの（しかも唯一つの）閉路ができるので，その閉路に含まれる辺で e 以外のものを任意に 1 本選び T から除去する．すると，T は再びスパニング木になる．このようにして T から得られるスパニング木の集合を T の近傍と定める．図 8.4 (a) のグラフにおいて，太線で示されるスパニング木を初期解として最適解を得るまでの様子を同図 (b) から (d) に示す．初期解 T のコストは 18 である．T に含まれない辺 (v_2, v_3) を T に加え，生じた閉路から重みの最も大きい辺 (v_1, v_2) を除去する（同図 (b)）．得られた T のコストは 12 なので，この T を新たな暫定解として採用する．つぎに，この T に含まれない辺として (v_2, v_4) を選ぶと，同図 (c) のようになり，最後に，辺 (v_3, v_5) を選んで，同図 (d) の解が得られる．この T の近傍には

[†1] 逐次改善法ともいう．

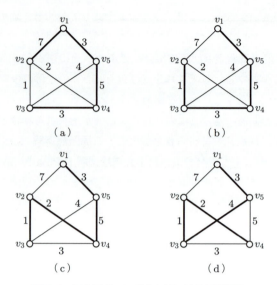

図 8.4　最小スパニング木を見つける局所探索

T よりコストの小さいものがないので，これを出力する．このアルゴリズムが最適解を保証していることの証明は読者の演習問題とする（演習問題 8.16）．■

上の例 8.5 では局所探索により大域最適解を見つけることができたが，多くの組合せ問題では，局所探索は大域最適解を保証しない．しかし，NP 困難問題のように効率のよいアルゴリズムが見つかっていない問題に対し近似解を求めるアルゴリズムを設計するときには局所探索を基本にすることが多い．つぎの例は，そのような近似アルゴリズムの例である．

[**例 8.6**]（巡回セールスマン問題）　ここでは，グラフ G が完全グラフ（任意の 2 頂点間に辺があるグラフ）のときの巡回セールスマン問題（8.4 節）を考える．G のすべてのハミルトン閉路が可能解である．局所探索の初期解として，ハミルトン閉路 C を一つ適当に選ぶ．C の近傍をつぎのようにして求める．C に含まれる任意の 2 本の辺 (a, b) と (c, d) に対し，C が頂点 a, b, c, d をこの順に通っているならば，これらの辺を C から除去し，新たに 2 本の辺 (a, c) と (b, d) を加える（図 8.5）．このようにして得られたハミルトン閉路を C の近傍と定め，その中のコスト最小のものを新たな暫定解 C としてこれを繰り返す．先にも述べたように，このアルゴリズムで得られる解は局所最適解であるが，実際の問題に対してはかなりよい近似解が得られるという報告がある[2]．■

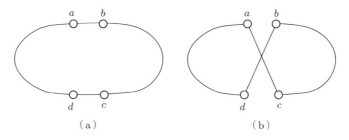

図 8.5 巡回路を見つける近似アルゴリズム

上の例 8.6 のように近似解を求めるアルゴリズムを**近似アルゴリズム** (approximation algorithm) とよぶ．得られる近似解の精度（最適解にどれだけ近いか）が理論的に保証されない場合には**発見的アルゴリズム** (heuristic algorithm) とよばれることが多い．発見的アルゴリズムの代表的なものに，**シミュレーテッドアニーリング** (simulated annealing)，**タブー探索** (tabu search)，**遺伝的アルゴリズム**（GA, genetic algorithm），**ニューラルネットワーク** (neural network) などがある．これらのアルゴリズム，もしくはこれらを組み合わせたアルゴリズムは**メタヒューリスティックス**とよばれ，実際に役立つアルゴリズムの設計技法として重宝されている．アルゴリズム技法やデータ構造の知識を必要とせず，だれにでもそこそこの性能のアルゴリズムが設計できるという意味で工学的な意義は大きい．

タブー探索とシミュレーテッドアニーリングは局所探索を基本とする．局所探索では局所最適解に至ると，そこで探索を終了してしまう．タブー探索とシミュレーテッドアニーリングでは，局所最適解に至ってもそこでトラップされずにさらに動き回るため，よりよい解に出会う可能性が高まる．

タブー探索では，局所最適解に到達したとき，その地点から下り勾配の小さい方向へ下がってみる（最大化問題の場合）というのが基本方針である．そのように動き回ると一度たどったところをぐるぐる回る恐れがある．これを防ぐために，一度たどった場所を記憶しておくのがタブーリストである．一度たどったところはタブー（taboo, tabu とも綴る）であるとして二度と訪れないようにするのが名前の由来である．

シミュレーテッドアニーリングでは現在の解 s から，よりよい解に移行するだけでなく，s より悪い解にも確率的に遷移する．つまり，最大化問題の場合ならある確率で現在の地点よりも低い地点に動いてみる．そうすることで低い山の山頂にトラップされることが回避され，より高い山を目指すことができる．どの程度の確率で遷移するかを定めるパラメータを温度 T で表す．最初は温度を高くして遷移確率を高くしておき，最適解に近づくにつれて徐々に温度を低くするといったように，T の値をうま

く制御して急速に最適解に近づけようとする研究が多数なされている．金属の焼きなまし (annealing) にちなんでこの名前がある．

最大化（最小化）問題の場合，現在の解 s から見て最も急に登る（下る）方向に探索を進めてみるというのは合理的と思われるが，そのような方法は一般に**最急勾配法** (steepest ascent method) または**最急降下法** (steepest descent method) とよばれる．ニューラルネットワークの**誤差逆伝播法** (back propagation) は最急降下法に基づく手法である．

生物は遺伝機能によって進化と環境への適応を可能にしているが，その進化過程を模倣して最適解（この分野では準最適解という）を求めようとする手法が**遺伝的アルゴリズム**である．1個の解の近傍内でつぎの解候補 s を探すのではなく，複数の解を組み合わせて新しい候補解を得るという点が局所探索と大きく異なる．また，解空間の複数の地点で並列して探索を行うため大域的探索を得意とする．局所的な探索は不得意なため，他の発見的アルゴリズムと組み合わせることもよく行われる．

演習問題 8

8.1* n 個の整数 $a_1, a_2, \ldots, a_n$ の最大値と最小値を見つけるアルゴリズムを書け．ただし，整数どうしの比較はたかだか $3(n-1)/2$ 回しか行わないとする．［**ヒント**：分割統治法を用いよ．］

8.2 C_{ij} $(1 \leq i, j \leq 2)$ を求めるのに，式 (8.1) のように計算してよいことを示せ．

8.3 式 (8.2) を解け．

8.4* まず，$T(1) = 1$ として式 (8.3) を解け．つぎに，より一般的に，つぎの形の漸化式が得られたとしよう．

$$T(n) = \begin{cases} c & (n = 1 \text{ のとき}) \\ bT\left(\dfrac{n}{a}\right) + dn^k & (n > 1 \text{ のとき}) \end{cases}$$

ここで，a, b, c, d は正の定数である．このとき，解の形は k の値に依存してつぎのようになることを示せ．

$$T(n) = \begin{cases} O(n^{\log_a b}) & (k < \log_a b \text{ のとき}) \\ O(n^k \log n) & (k = \log_a b \text{ のとき}) \\ O(n^k) & (k > \log_a b \text{ のとき}) \end{cases}$$

8.5* **フィボナッチ数列** (Fibonacci sequence) はつぎのように定義される数列 f_n である．

$$f_0 = 1, \quad f_1 = 1, \quad f_n = f_{n-1} + f_{n-2} \quad (n \geq 2)$$

このとき,$f_n \geq \phi^{n-1}$ $(n \geq 0)$ であることを数学的帰納法により証明せよ.ここで,$\phi = (1+\sqrt{5})/2$ は**黄金比** (golden ratio) とよばれる値で,$x^2 - x - 1 = 0$ の解である.

8.6* 演習問題 8.5 の数列について,n が与えられたときに f_n の値を定義式に従って計算する再帰的アルゴリズムを書け.また,そのアルゴリズムの時間計算量が指数関数的であることを示せ.

8.7* 演習問題 8.5 の数列について,$f_0, f_1, \ldots, f_n$ の順に計算して f_n の値を求める時間計算量が $O(n)$ のアルゴリズムを書け.また,それが一種の動的計画法であることを説明せよ.

8.8 演習問題 8.5 の数列について,つぎの関係を用い,n が与えられたときに f_n を求める $O(\log n)$ 時間の再帰的アルゴリズムを書け.ただし,2×2 行列の乗算を基本演算とせよ.

$$\begin{pmatrix} f_n \\ f_{n+1} \end{pmatrix} = \begin{pmatrix} 0 & 1 \\ 1 & 1 \end{pmatrix} \begin{pmatrix} f_{n-1} \\ f_n \end{pmatrix} \quad (n \geq 1)$$

8.9 例 8.2 の問題において,n 個の行列の積を計算する仕方の総数を $c(n)$ とすると,$c(n) \geq {}_{2n-2}\mathrm{C}_{n-1}/n$ であることを示せ.[**ヒント**:演習問題 4.4]

8.10 演習問題 8.9 の $c(n)$ について,$c(n) \geq 2^{n-2}$ $(n \geq 2)$ を示せ.

8.11 コード 8.1 のアルゴリズムを変更し,行列の積の順序を出力するようにせよ.

8.12* $n+1$ 個の正の整数 $a_1, a_2, \ldots, a_n, b$ が与えられたとき,a_i $(1 \leq i \leq n)$ の中から適当に何個かを選んで,それらの総和がちょうど b になるようにできるか否かを判定する,時間計算量が $O(nb)$ のアルゴリズムを書け.[**ヒント**:動的計画法を用いよ.]

8.13 演習問題 8.12 の問題は**サブセットサム問題** (subset sum problem) とよばれ,NP完全問題であることが知られている.$O(nb)$ のアルゴリズムは多項式時間アルゴリズムのように見えるが,実は指数時間アルゴリズムである.その理由を説明せよ.

8.14 例 8.3 の問題で,USB メモリの容量が 10 GB,5 GB,2 GB,1 GB の 4 種類のときにはグリーディ法で最適解が求まるか.

8.15 図 8.4 (a) のグラフに対し,巡回セールスマン問題の解を分枝限定法により求める際の探索木を書け.

8.16 例 8.5 で与えたアルゴリズムが常に大域最適解を見つけることを証明せよ.

8.17 例 8.6 で与えたアルゴリズムは必ずしも大域最適解を見つけないことを示せ.

演習問題解答

●第1章●

1.1
```
float Horner(float a[], int n, float x)
{
    int i;
    float p;

    p = a[n];
    for (i = 1; i <= n; i++)
        p = p * x + a[n-i];
    return(p);
}
```

1.2
```
int power(int x, int k)
{
    while (k > 0) {
        x = x * x;
        --k;
    }
    return(x);
}
```

1.3
```
int power(int x, int n)
{
    int p;

    if (n == 1)
        return(x);
    else {
        p = power(x, n/2);
        if (n % 2 == 0)
            return(p * p);
        else
            return(p * p * x);
    }
}
```

1.4〜1.7　省略

1.8
```
int gcd(int m, int n)
{
    while (n != 0) {
        r = m % n;
        m = n;
        n = r;
    }
```

```
            return m;
    }
```
1.9 省略
1.10
```
    move(A, B, C, n)
    {
        if (n > 0) {
            move(A, C, B, n-1);
            A->B;      /* 1枚移動する */
            move(C, B, A, n-1);
        }
    }
```

関数 move を実行するときの円板の移動回数を $T(n)$ とすると次式が成立する.

$$T(n) = \begin{cases} 2T(n-1) + 1 & (n > 0 \text{ のとき}) \\ 0 & (n = 0 \text{ のとき}) \end{cases}$$

これより $T(n)$ を求める.

$$\begin{aligned} T(n) &= 2T(n-1) + 1 \\ &= 2(2T(n-2) + 1) + 1 \\ &\vdots \\ &= 2 \cdot 2 \cdots \cdot 2T(0) + 2^{n-1} + 2^{n-2} + \cdots + 1 \\ &= 2^n - 1 \end{aligned}$$

1.11 [ヒント] 頂点の次数の総和は辺の本数の 2 倍であることを用いる.

1.12 グラフは単純グラフを想定している. 次数が 0 であるような頂点がないときを考える. 頂点数を n とすると, どの頂点の次数も 1 から $n-1$ までの $n-1$ 個の整数のどれかである. よって, 鳩の巣原理[†1] により同じ次数の 2 個の頂点がある.

つぎに, 次数が 0 の頂点があるときを考える. このとき, 次数が $n-1$ の点はないことに注意する. すると, どの頂点の次数も 0 から $n-2$ までの $n-1$ 個の整数のどれかになり, やはり鳩の巣原理により, 同じ次数の 2 個の頂点がある.

1.13 まず, **数学的帰納法**について復習しよう. 証明すべき命題が

"すべての $n (\geq 1)$ に対し $P(n)$ が成り立つ"

の形をしているとき, つぎの 2 段階で証明を行うのが数学的帰納法である.

1. $P(1)$ が成り立つ.
2. 任意の自然数 k に対し, もし $P(k)$ が成り立つなら $P(k+1)$ が成り立つ.

ここではつぎの命題を n に関する数学的帰納法で示す.

"すべての $n (\geq 1)$ について, n 頂点の完全グラフの各辺に任意に向きをつけてできる有向グラフにはハミルトン有向路が存在する"

[†1] n 個のボールを $n-1$ 個の箱に入れると, 2 個以上のボールが入る箱が必ずあるという原理.

1. 1頂点の完全グラフにはハミルトン有向路が存在する.
2. $k+1$ $(k \geq 1)$ 頂点の完全グラフ G の各辺に任意の向きをつけた有向グラフを G' とする. G' から任意に一つの頂点 v を選ぶ. G' から v と v に隣接する辺を除去したグラフを G'' とすると, G'' は k 頂点の完全グラフの各辺に向きを付けたグラフになっている. よって, 帰納法の仮定により G'' にはハミルトン有向路が存在する. そのハミルトン有向路を $(v_1, v_2, \ldots, v_k)$ とする. G' において, $v_1, v_2, \ldots, v_k$ の中で, v からの辺が入っている最初の頂点を v_i とすると, $(v_1, v_2, \ldots, v_{i-1}, v, v_i, \ldots, v_k)$ は G' のハミルトン有向路である. そのような辺がないときには v_k から v に向う辺があるので, $(v_1, v_2, \ldots, v_k, v)$ が G' のハミルトン有向路である.

1.14 証明すべき命題は

  "連結な無向グラフ G において,
    G がオイラー閉路をもつ $\iff$ G の各頂点の次数が偶数"

である.
$\implies$ は明らかに成立する. $\impliedby$ をグラフの頂点数 n に関する数学的帰納法で示す.
1. G が 1 頂点のとき, その次数は偶数で, 確かにオイラー閉路が存在する.
2. G を $k+1$ $(k \geq 1)$ 頂点のグラフで各頂点の次数が偶数とする. v を関節点でない G の任意の頂点とし, v に隣接している v 以外の頂点を $v_1, v_2, \ldots, v_{2p}$ とする. G から v と v に接続する辺を除去し, つぎに, 辺 $(v_1, v_2), (v_3, v_4), \ldots, (v_{2p-1}, v_{2p})$ を加えて得られるグラフを G' とする. G' は k 頂点の連結グラフで各頂点の次数は偶数である. よって, 帰納法の仮定により, G' にはオイラー閉路が存在する. このオイラー閉路は辺 $(v_1, v_2), (v_3, v_4), \ldots, (v_{2p-1}, v_{2p})$ をすべて通る. このオイラー閉路からつぎのようにして G のオイラー閉路を構成する. つまり, この閉路が G' の辺 (v_i, v_{i+1}) を通るときに G においては辺 (v_i, v) と (v, v_{i+1}) を通るように変更する. このようにして得られた閉路は G のオイラー閉路である.

1.15 どの 2 頂点の間にも辺がある 3 個の頂点からなるグラフを 3 角形とよぶことにする. また, どの 2 頂点の間にも辺がない 3 個の頂点は独立であるという. 題意は, 6 頂点のグラフ G には 3 角形または独立な 3 個の頂点があるということである.
(証明) G が次数 3 以上の頂点を含む場合とそうでない場合に分けて証明する.
G が次数 3 以上の頂点を含む場合:その頂点を v とし, v に隣接する 3 個の頂点を v_1, v_2, v_3 とする. $\{v_1, v_2, v_3\}$ の中の 2 頂点を結ぶ辺があるならば, その辺で結ばれる 2 頂点と v とは 3 角形をなす. そのような辺がなければ, $\{v_1, v_2, v_3\}$ は独立である.
G が次数 3 以上の頂点を含まない場合:G の補グラフ[†1] $\bar{G}$ を考える. $\bar{G}$ の各頂点は次数が 3 以上である. よって, $\bar{G}$ には 3 角形または独立な 3 頂点が存在する. 前者のとき G には独立な 3 頂点が存在し, 後者のとき G には 3 角形が存在する.

1.16 $T = (V, E, r)$ は r $(\in V)$ を根とする根付き木で, 葉以外の頂点はすべて 2 個の子をもつとする. 外部路長(すべての葉の深さの総和)を L_e とし, 内部路長(葉以外のすべての頂点の深さの総和)を L_i とするとき, $L_e = L_i + |V| - 1$ が成立することを示す.

---

†1 $G = (V, E)$ のとき, その補グラフは $\bar{G} = (V, V \times V - E)$ のことである(ただし, 自己ループはない).

(証明) 葉以外の頂点はすべて2個の子をもつとしたので，T は奇数個の頂点をもつことに注意．証明は，T の頂点数 n（奇数）に関する数学的帰納法で示す．
1. $n=1$ のとき，$L_e = 0$, $L_i = 0$, $|V|=1$ なので $L_e = L_i + |V| - 1$ が成り立つ．
2. $k+2$ 頂点の根付き木 T を考える．v を T の頂点で2個の葉をもつものとする（$k+2$ 頂点の木なのでそのような v は必ず存在する）．v の2個の子を除去した根付き木を T' とする．T' において葉以外の頂点はすべて2個の子をもつ．よって，帰納法の仮定により，$L'_e = L'_i + k - 1$ である．ところで，$L_e = L'_e + d(v) + 2$ であり，$L_i = L'_i + d(v)$ である．ただし，$d(v)$ は v の深さである．よって，次式となり証明された．

$$L_e = L'_e + d(v) + 2 = L'_i + k - 1 + d(v) + 2$$
$$= L'_i + d(v) + n + 1 = L_i + |V| - 1$$

●第2章●

2.1 省略

2.2
```
void insert(struct element *l, int k, char item)
{
        struct element *p; int i;

        for (i = 1; i < k; i++)
                l = l->next;
        p = new();
        p->data = item;
        p->next = l->next;
        l->next = p;
}
```
残りの delete, access も同様．

2.3
```
void deleteall(struct element *l, char a)     /* 要素aをすべて削除 */
{
        if (l->next == NULL)
                return;
        if ( l->next->data == a){
            l->next = l->next->next;
            deleteall(l, a);
        }
        else
            deleteall(l->next, a);
}
```

2.4
```
int member(struct element *l, char a)
{
        while (l != NULL && l->data != a)
            l = l->next;
        return (l != NULL)
}
```

2.5 `struct element *s;`　　/* sは番兵を指すポインタ */

```
struct element *create()
{
    struct element *p;

    p = new();
    s = new();
    p->next = s;
    s->next = NULL;
    return (p);
}

int member(struct element *l, char a)
{
    s->data = a;
    while (l->data != a)
        l = l->next;
    return(l != s);
}
```

2.6, 2.7 省略

2.8 括弧の列 $p_1, p_2, \ldots, p_n$ が配列 $p[1..n]$ に与えられるとする.

```
int paren(struct element *l)
{
    initialize(s);    /* スタックの初期化 */
    for(i = 1, i <= n, i++)
        if (p[i] == "(")
            push(s, "(");
        else
            if (empty(s))
                return 0;
            else
                pop(s);
    return (empty(s));
}
```

2.9～2.11 省略

2.12 一例を解図 2.1 に示す.

2.13 途中と最後の木を解図 2.2 に示す.

2.14 $2^k \leq n < 2^{k+1}$ のとき, 完全2分木の高さは k である. よって, $k = \lfloor \log_2 n \rfloor$ となる.

● 第 3 章 ●

3.1～3.4 省略

3.5 `void insertionsort(int a[], int n)`　　/* 番兵の追加 */
　　`{`

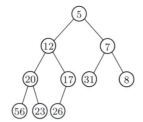

解図 2.1

(a) insert$(h, 18)$ の実行後　　(b) deletemin の実行後　　(c) insert$(h, 6)$ の実行後

解図 2.2

```
int i, j, temp;

a[0] = -INFTY;     /* INFTYは入力データよりも大きい数値 */
for (i = 2; i <= n; i++){
    temp = a[i];
    j = i;
    while (a[j-1] > temp){
        a[j] = a[j-1];
        j = j-1;
    }
    a[j] = temp;
}
```

3.6 行と列をそれぞれ昇順にソートして得られる行列の (i, j)-要素を a とする．この行列の $j-1$ 列目には a より小さいか等しい要素が i 個以上ある．なぜなら，j 列目には a より小さいか等しい要素は少なくとも i 個あり，そのそれぞれについて（行のソーティングが終わった時点で）$j-1$ 列目にはそれより小さいか等しい要素があったからである．したがって，$j-1$ 列目がソートされると，$(i, j-1)$-要素は a より小さいか等しいはずである．上の議論は任意の i, j についていえるので，すべての行はソートされたままである．

3.7 式 (3.1) の再帰方程式から $T(n) = O(n \log n)$ であることを数学的帰納法で示す．つまり，$n > 1$ のときに $T(n) \leq cn \log_2 n$ となるような定数 c が存在することを示す．

$$T(n) = 2T\left(\frac{n}{2}\right) + c_2 n$$
$$\leq 2\left(c\frac{n}{2}\log_2\frac{n}{2}\right) + c_2 n$$
$$= cn\log_2 n - cn\log_2 2 + c_2 n$$
$$= cn\log_2 n - cn + c_2 n$$
$$\leq cn\log_2 n$$

ただし，2 行目の式では帰納法の仮定を用いた．また，最後の不等号のために $c_2 \leq c$ となるような c であればよい．帰納法を完成させるために基礎となる n について $T(n) \leq cn\log n$ が成立することを示さなければならない．我々は漸近評価を求めたいので，適当な n を選んでよい．ここでは $n = 2$ とする．$T(2) = 2c_1 + 2c_2 \leq 2c$ を示せばよい．これには $c_1 + c_2 \leq c$ となるように c を選べばよい．

3.8 $2^k < n \leq 2^{k+1}$ とする．入力サイズ n のときの時間は 2^{k+1} 個の入力に対するマージソートの時間 $O(2^{k+1} \log_2 2^{k+1})$ で上から抑えられる．

$$2^{k+1}\log_2 2^{k+1} = 2^{k+1}(\log_2 2^k + 1) \leq 2n\log_2 n + 2n = O(n\log n)$$

3.9 比較によるソーティングアルゴリズムでは決定木の高さの回数の比較が必要である．決定木には少なくとも $n!$ 個の葉があるので，その高さは少なくとも $\log_2 n!$ である． $n! \geq n(n-1)\cdots(\lceil n/2 \rceil) \geq \left(\frac{n}{2}\right)^{n/2}$ より，$\log_2 n! \geq \frac{n}{2}\log_2 \frac{n}{2}$ である．よって，少なくとも $\log_2 n! = O(n\log n)$ 回の比較が必要である．

3.10
```
void bubble_like()
{
    int i, j, sorted;

    j = n;
    do {
        j = j-1;
        sorted = 1;
        for (i = 1; i <= j; i++)
            if (p[i] > p[i+1]) {
                swap(&p[i], &p[i+1]);
                swap(&a[p[i]], &a[p[i+1]]);
                sorted = 0;
            }
    } while (!sorted);
}
```

上のアルゴリズムにより系列 $(a_{p(1)}, a_{p(2)}, \ldots, a_{p(n)})$ が得られることを確認せよ．

3.11 [ヒント] 演習問題 3.10 で用いたバブルソートに代えてクイックソートまたはヒープソートを用いる．

3.12 関数 $1/x$ の図を描けば，

$$\sum_{i=1}^{n} \frac{1}{i} \leq 1 + \int_{1}^{n} \frac{1}{x} \mathrm{d}x$$

が成り立つことがわかる．解図 3.1 の青色部分の面積が左辺の値である．よって，$\sum_{i=1}^{n} \frac{1}{i} \leq 1 + \log_{e} n$ がわかる．

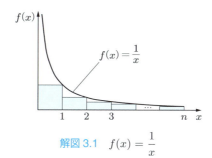

解図 3.1 $f(x) = \frac{1}{x}$

3.13 $|x| < 1$ のとき $\frac{1}{1-x} = \sum_{k=0}^{\infty} x^k$ である．項別微分することにより

$$\frac{1}{(1-x)^2} = \sum_{k=1}^{\infty} k x^{k-1}$$

両辺に x を掛けて次式を得る．

$$\frac{x}{(1-x)^2} = \sum_{k=1}^{\infty} k x^k$$

3.14 バケットソート，バブルソート，挿入法は安定なソーティングアルゴリズムである．実装に注意を払えば，マージソートも安定なソーティングアルゴリズムにできる．

●第 4 章●

4.1 省略
4.2 結果の木は解図 4.1 のようになる．
4.3 結果の木はそれぞれ解図 4.2 のようになる．
4.4 （a）n 個の頂点をもつ 2 分探索木で，左部分木の頂点が i 個のときの種類は $b_i \times b_{n-i-1}$ である．よって，n 個の頂点をもつ 2 分探索木の種類は

$$b_n = \sum_{i=0}^{n-1} b_i b_{n-i-1}$$

である．ただし，$b_0 = 1$ とする．

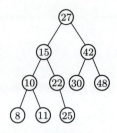

解図 4.1

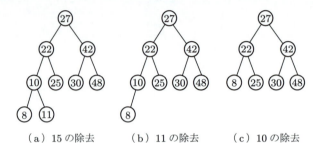

(a) 15 の除去　　(b) 11 の除去　　(c) 10 の除去

解図 4.2

(b)
$$B(x)^2 = (b_0 + b_1 x^1 + \cdots + b_n x^n + \cdots)(b_0 + b_1 x^1 + \cdots + b_n x^n + \cdots)$$
$$= b_0^2 + (b_0 b_1 + b_1 b_0) x^1 + \cdots + (b_0 b_n + b_1 b_{n-1} + \cdots + b_n b_0) x^n + \cdots$$
$$= b_1 + b_2 x^1 + b_3 x^2 + \cdots + b_{n+1} x^n + \cdots$$
$$= \frac{B(x) - 1}{x}$$

これを $B(x)$ を変数とする 2 次方程式とみて

$$B(x) = \frac{1 \pm \sqrt{1 - 4x}}{2x}.$$

(c)
$$B(x) = \frac{1}{2x} \left\{ 1 \pm \left(1 + \frac{1}{2}(-4x) + \frac{1}{2!}\frac{1}{2}\left(\frac{1}{2} - 1\right)(-4x)^2 + \cdots \right) \right\}$$

と展開される．$b_0 = 1$，つまり $B(0) = 1$ なのでマイナス符号を選ぶと，

$$B(x) = \frac{-1}{2x} \left\{ \frac{1}{2}(-4x) + \frac{1}{2!}\frac{1}{2}\left(\frac{1}{2} - 1\right)(-4x)^2 + \cdots \right.$$
$$\left. + \frac{1}{(n+1)!}\frac{1}{2}\left(\frac{1}{2} - 1\right)\left(\frac{1}{2} - 2\right) \cdots \left(\frac{1}{2} - n\right)(-4x)^{n+1} + \cdots \right\}.$$

よって，

$$b_n = \frac{1}{2}\left(\frac{1}{(n+1)!}\right)\frac{1}{2}\frac{1}{2}(2-1)\frac{1}{2}(4-2)\cdots\frac{1}{2}(2n-1)4^{n+1}$$

$$= \frac{1}{(n+1)!} \cdot 1 \cdot 3 \cdot 5 \cdot \cdots \cdot (2n-1) \cdot 2^n$$

$$= \frac{1}{(n+1)!} \cdot 1 \cdot 3 \cdot 5 \cdot \cdots \cdot (2n-1) \cdot \frac{2 \cdot 4 \cdot 6 \cdot \cdots \cdot 2n}{2^n \cdot n!} \cdot 2^n$$

$$= \frac{(2n)!}{(n+1)!\, n!} = \frac{{}_{2n}\mathrm{C}_n}{n+1}$$

4.5, 4.6 省略

4.7 空の 2 分探索木に要素を挿入するときに，$n!$ 個の順列が等確率で現れるとする．$n!$ 個の順列のうち，a_i が先頭にあるものは $(n-1)!$ 個である．これらの $(n-1)!$ 個の順列の内訳を見てみる．これらの順列では，先頭要素 a_i の後ろに $a_1, \ldots, a_{i-1}, a_{i+1}, \ldots, a_n$ が並ぶが，$a_1, \ldots, a_{i-1}$ は根 a_i の左部分木 T_l に振り分けられ，$a_{i+1}, \ldots, a_n$ は右部分木 T_r に振り分けられる．以下では，左部分木に振り分けられる $a_1, \ldots, a_{i-1}$ の並びの種類を数える．$a_1, \ldots, a_{i-1}$ が順列の中で占める場所の数は $i-1$ で，それらは先頭以外なので ${}_{n-1}\mathrm{C}_{i-1}$ 種類ある．$i-1$ 個の場所を決めると，そこに入る $a_1, \ldots, a_{i-1}$ の並び方は $(i-1)!$ 通りある．その並び方の一つひとつに対し，$a_{i+1}, \ldots, a_n$ の並び方が $(n-i)!$ 通りある．よって，

$${}_{n-1}\mathrm{C}_{i-1} \cdot (i-1)! \cdot (n-i)!$$

が並びの総数で，これは $(n-1)!$ と一致する．よって，$a_1, \ldots, a_{i-1}$ のどの並びも同じ回数（${}_{n-1}\mathrm{C}_{i-1} \cdot (n-i)!$ 回）現れている．

4.8 先行順：18, 7, 5, 11, 8, 15, 22, 21, 31, 25 の順に訪れる．
中間順：5, 7, 8, 11, 15, 18, 21, 22, 25, 31 の順に訪れる．
後行順：5, 8, 15, 11, 7, 21, 25, 31, 22, 18 の順に訪れる．

4.9, 4.10 省略

4.11 解図 4.3 に示す．この図で，図 (c) から図 (d) へは回転による変形で，図 (d) から図 (e) は色交換である．色交換を行うタイミングには自由度がある．本文の 2 色木では，find 命令を実行するときに色交換の可能な場所が見つかった場合に，色交換を実行していた．ここでは可能なときはすぐに色交換を行うことにする．図 (f) では赤くなった根を強制的に黒に戻している．

4.12 省略

4.13 解図 4.4 に示す．15 を削除すると，置き換わった外点で"黒が足りない"状況が生じる（図 (a)）．これは，27 と 29 の色を変更することで解消される（図 (b)）．つぎに，12 を削除すると，図 (c) になる．さらに，52 を削除すると再び，置き換わった外点で"黒が足りない"状況が生じる（図 (d)）．この場合は二重回転により解消される（図 (e) と図 (f)）．

160　演習問題解答

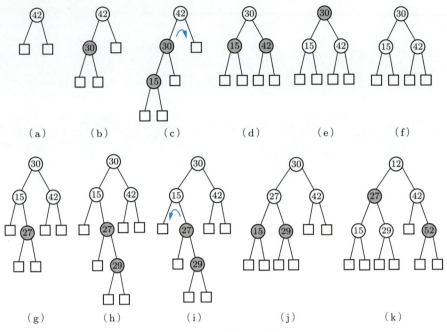

解図 4.3　2 色木への挿入

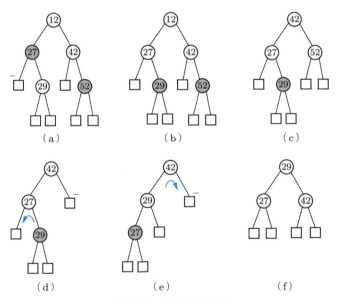

解図 4.4　2 色木での削除

4.14 解表 4.1 に示す.

解表 4.1　$c_{i,j}$ の計算

$w_{1,1} = 0.21$	$w_{2,2} = 0.34$	$w_{3,3} = 0.17$	$w_{4,4} = 0.28$	$w_{5,5} = 0.19$
$c_{1,1} = 0.21$	$c_{2,2} = 0.34$	$c_{3,3} = 0.17$	$c_{4,4} = 0.28$	$c_{5,5} = 0.19$
$r_{1,1} = 1$	$r_{2,2} = 2$	$r_{3,3} = 3$	$r_{4,4} = 4$	$r_{5,5} = 5$
$w_{1,2} = 0.5$	$w_{2,3} = 0.44$	$w_{3,4} = 0.43$	$w_{4,5} = 0.42$	
$c_{1,2} = 0.71$	$c_{2,3} = 0.61$	$c_{3,4} = 0.51$	$c_{4,5} = 0.61$	
$r_{1,2} = 1$	$r_{2,3} = 2$	$r_{3,4} = 4$	$r_{4,5} = 4$	
$w_{1,3} = 0.60$	$w_{2,4} = 0.70$	$w_{3,5} = 0.57$		
$c_{1,3} = 0.98$	$c_{2,4} = 1.21$	$c_{3,5} = 0.93$		
$r_{1,3} = 2$	$r_{2,4} = 2$	$r_{3,5} = 4$		
$w_{1,4} = 0.86$	$w_{2,5} = 0.84$			
$c_{1,4} = 1.58$	$c_{2,5} = 1.64$			
$r_{1,4} = 2$	$r_{2,5} = 4$			
$w_{1,5} = 1.00$				
$c_{1,5} = 2.14$				
$r_{1,5} = 2$				

4.15　解図 4.5 に示す.

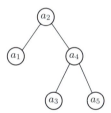

解図 4.5　最適 2 分木

4.16 [ヒント] $r_{i,j-1} \leq r_{i,j} \leq r_{i+1,j}$ を示せばよい（文献 [15] を参照のこと）．式 (4.7) の最小値を与える k が $r_{i,j}$ なので，k も $r_{i,j-1} \leq k \leq r_{i+1,j}$ の範囲で探せばよい.

4.17 $\alpha = a_k a_{k-1} \cdots a_0$ とする．各文字 a_i を p ビットで表される 2 進数とみなす．α を基数 2^p で整数に変換すると，

$$x = a_k(2^p)^k + a_{k-1}(2^p)^{k-1} + \cdots + a_1(2^p) + a_0$$

である．x を $m = 2^p - 1$ で割ると，余りは $a_k + a_{k-1} + \cdots + a_0$ である．つまり，$h(x) \bmod m = a_k + a_{k-1} + \cdots + a_0$ であり，α の文字 $a_k, a_{k-1}, \ldots, a_0$ の並ぶ順番を変えても $h(x)$ の値は変化しない.

4.18 解図 4.6 (a) に示す.

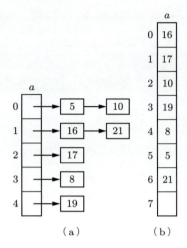

解図 4.6 ハッシング

4.19 $0 \leq x \leq u$ より，可能なデータは $u+1$ 個である．ハッシング関数 $h(x)$ は，これらの $u+1$ 個のデータを m 個の箱に振り分けて入れることに相当する．$u+1 > mn$ なので，鳩の巣原理により，n 個以上のデータが入る箱が必ずある．これは，どのようなハッシング関数を用いても，最悪の場合，n 個のデータすべてを含むリストが存在することを意味する．

4.20 解図 4.6 (b) に示す．

4.21 省略

●第 5 章●

5.1
```
void kmp(char p[], char t[], int m, int n)      /* KMPアルゴリズム */
{
        int i = 1, j = 1, fd = 0;
        int f[MAXPAT];

        compf(p, m, f);
        while (i <= m && j <= n) {
            if (i == 0 || p[i] == t[j]){
                i++;
                j++;
            }
            else
                i = f[i];
            if (i == m+1) {
                printf("Found at %d\n", j-m);
                i = 1;
                j = j-m+1;
                fd = 1;
```

```
        }
    }
    if (fd == 0)
        printf("Not found\n");
}
```

5.2
i	1	2	3	4	5	6	7	8
p_i	a	b	c	a	b	c	a	b
$f(i)$	0	1	1	1	2	3	4	5

5.3 図 5.2 (a) で $p_i \neq t_j$ のときに，失敗関数を用いてパターンを同図 (b) の位置まで右にずらしたとする．もし，p_i と p_{u+1} が同じ文字だと，$p_{u+1} \neq t_j$ なので，KMP アルゴリズムは再びパターンを右にずらす．改良後の失敗関数は，p_i と p_{u+1} が同じ文字のときは，同図 (b) の位置よりさらに右にずらすように失敗関数の値を計算している．

5.4
i	1	2	3	4	5	6	7
p_i	a	b	c	a	b	a	c
$f(i)$	0	1	1	1	1	3	2

5.5 省略

5.6 $t = b_0 b_1 \cdots b_{n-1} b_0 b_1 \cdots b_{n-1}$, $p = a_0 a_1 \cdots a_{n-1}$ としてクヌース・モーリス・プラットのアルゴリズムを用いる．

5.7 省略

5.8
c	a	b	c	d	e	f	g	$\cdots$	z
$d(c)$	1	0	2	8	8	8	8	$\cdots$	8

a, b, c 以外の文字 x に対しすべて $d(x) = 8$ とする．

i	1	2	3	4	5	6	7	8
p_i	a	b	c	a	b	c	a	b
$dd(i)$	10	9	8	10	9	8	9	1

●第 6 章●

6.1 $\dfrac{\sqrt{2}}{2}(1+i)$, $\dfrac{\sqrt{2}}{2}(-1+i)$, $\dfrac{\sqrt{2}}{2}(-1-i)$, $\dfrac{\sqrt{2}}{2}(1-i)$

6.2, 6.3 省略

6.4 配列 y と z が関数 fft のローカル変数として定義されているので，fft が呼び出されるたびに y と z のための記憶領域が新たに用意される．呼び出しが終了すると，その記憶領域は解除される．関数 fft の再帰呼び出しの深さが $\log_2 n$ なので，使用される記憶領域は $O(n \log n)$ となる．［領域計算量を $O(n)$ にするためのヒント：y と z をグローバル変数とする．］

6.5 （a）(i,j) 要素が ω_n^{-ij}/n である $n \times n$ 行列を A' とし $A'A$ の (i,j) 要素を見てみる．

$$(A'A)_{ij} = \frac{1}{n}\sum_{k=0}^{n-1}\omega_n^{k(j-i)}$$

よって，$i = j$ のとき $(A'A)_{ij} = 1$ である．$i \neq j$ のとき $\omega_n^{(j-i)} \neq 1$ なので

$$\sum_{k=0}^{n-1}\omega_n^{k(j-i)} = \frac{1-(\omega_n^{(j-i)})^n}{1-\omega_n^{(j-i)}} = 0$$

となる．よって，A' は A の逆行列 A^{-1} である．（b），（c）は省略する．

6.6 ベクトル $a = (a_0, a_1, \ldots, a_{n-1})$ と $b = (b_0, b_1, \ldots, b_{n-1})$ の要素どうしの積とは $a \cdot b = (a_0b_0, a_1b_1, \ldots, a_{n-1}b_{n-1})$ のことである．
ベクトル a の i 番目の要素 a_i を $(a_0, a_1, \ldots, a_{n-1})_i$ のように表す．a，b とも後ろに 0 を埋め込んで $(2n-1)$ 次元に拡大する．$F(a)$，$F(b)$ をそれぞれ a，b の離散フーリエ変換とする．$(F(a) \cdot F(b))_i$ を見てみる．

$$\begin{aligned}(F(a) \cdot F(b))_i &= (a_0 + a_1\omega_{2n-1}^i + a_2\omega_{2n-1}^{2i} + \cdots + a_{n-1}\omega_{2n-1}^{(n-1)i}) \\ &\quad \times (b_0 + b_1\omega_{2n-1}^i + b_2\omega_{2n-1}^{2i} + \cdots + b_{n-1}\omega_{2n-1}^{(n-1)i}) \\ &= a_0b_0 + (a_0b_1 + a_1b_0)\omega_{2n-1}^i + \cdots + a_{n-1}b_{n-1}\omega_{2n-1}^{(2n-2)i} \\ &= (F(a \otimes b))_i\end{aligned}$$

よって，

$$F(a \otimes b) = F(a) \cdot F(b)$$

が成立している．したがって，

$$a \otimes b = F^{-1}(F(a) \cdot F(b))$$

となる．つまり，a，b のたたみ込み $a \otimes b$ を計算するのに，a と b それぞれの離散フーリエ変換を求め，結果のベクトルの要素どうしの積を計算し（これは $O(n)$ 回の演算でできる），結果のベクトルを離散フーリエ逆変換で戻せばよいことになる．演習問題 6.5 より，離散フーリエ変換とその逆変換がともに $O(n\log n)$ 時間で実行できるので，a と b のたたみ込みが $O(n\log n)$ 時間で計算できることになる．

6.7 省略

6.8 $1 \leq k < (n/2)$ の k に対し，$(\omega_n^2)^k = \omega_n^{2k} \neq 1$ であり，$k = n/2$ のとき，$(\omega_n^2)^{n/2} = \omega_n^n = 1$ である．よって，ω_n^2 は 1 の原始 $n/2$ 乗根 $\omega_{n/2}$ である．また，$(\omega_n^{n/2})^2 = \omega_n^n = 1$ かつ $\omega_n^{n/2} \neq 1$ より，$\omega_n^{n/2} = -1$ である．

6.9
$$y_{i+n/2} = \sum_{k=0}^{n-1} x_k \omega_n^{(i+n/2)k}$$
$$= \sum_{k=0}^{n/2-1} (x_{2k} \omega_n^{(i+n/2)2k} + x_{2k+1} \omega_n^{(i+n/2)(2k+1)})$$
$$= \sum_{k=0}^{n/2-1} x_{2k} \omega_{n/2}^{ik} - \omega_n^i \sum_{k=0}^{n/2-1} x_{2k+1} \omega_{n/2}^{ik} \quad (i=0,1,\ldots,n/2-1)$$

上の式で，右辺の第1項は x の偶数番目の要素からなる $n/2$ 次のベクトル x' の離散フーリエ変換 y' の i 番目の要素であり，第2項は x の奇数番目の要素からなる $n/2$ 次のベクトル x'' の離散フーリエ変換 y'' の i 番目の要素に $-\omega_n^i$ を掛けたものである．これらの式に基づいて図 6.2 に対応する図を描くと解図 6.1 のようになる．この図により再帰的アルゴリズムを設計すればよい（ここでは省略する）．

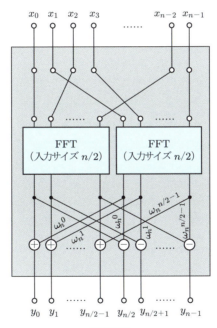

解図 6.1

●第7章●

7.1〜7.4　省略

7.5　G は，各頂点 v ごとに v から出る辺の終点の集合 $\mathrm{out}(v)$ をリストでもっているとする．$V=\{1,2,\ldots,n\}$ とし，出力はキュー q2 に位相的にソートされて並べられる．このアルゴリズムは，まず入次数が 0 の頂点を訪れ，それらを G から除去することを

繰り返す．各頂点の入次数を常に保持しているため，繰り返しのたびに入次数が 0 の頂点を探しに行くことが避けられる．時間計算量は $O(|V|+|E|)$ である．

```
void topologicalsort()
{
    initialize(q1);      /* キューq1の初期化 */
    initialize(q2);      /* キューq2の初期化 */
    for (v = 1; v <= n; v++)
        indeg[v] = 0;
    for (v = 1; v <= n; v++)
        for (w ∈ out(v))     /* out(v)は，vから出る辺の終点の集合 */
            indeg[w]++;
    for (v = 1; v <= n; v++)
        if (indeg[v] == 0)
            insert(q1, v);
    while (!empty(q1)) {
        v = top(q1);
        delete(q1);
        insert(q2, v);
        for (w ∈ out(v))
            if (--indeg[w] == 0)
                insert(q1, w);
    }
}
```

ここで，∈は擬似コードである．

7.6 頂点 v が T の根の場合で 2 個の子 v_1, v_2 をもつとする．深さ優先探索の性質より，v_1 の子孫から v を通らずに v_2 に行く路はない．よって，v は関節点である．逆に，v が関節点だとすると v の次数は 2 以上である．v_1 と v_2 を v の 2 個の子とする．関節点の定義より，v_1 を含む 2 連結成分と v_2 を含む 2 連結成分の間を結ぶ辺はない．よって，v を根とする深さ優先探索では，一方の 2 連結成分の探索が終えてから他方の 2 連結成分の探索が行われる．よって，T ではこれら二つの 2 連結成分の中にそれぞれ v の子が存在する．

　頂点 v が T の根でない場合を考える．v の親を u とする．T において，v の子 s が存在し，s のどの子孫からも v 以外の v の先祖には逆辺がないとする．このとき，u から s への路はすべて v を通る．よって，v は関節点である．逆に，v が関節点だとする．v によって分離される 2 連結成分が複数ある．C_1 と C_2 をそのような 2 連結成分とする．C_1 と C_2 の少なくとも一方には u が含まれない．この 2 連結成分は T における v の子を含んでいる．

7.7, 7.8　省略

7.9 $S=\{1,2,\ldots,n\}$ とする．S_i を高さ 1 の木で表す．この木には $|S_i|$ 個の葉があり，それぞれ S_i の 1 個の要素に対応している．根には集合名 S_i と集合の要素数 $|S_i|$ がラベルとしてついている．

　find(a) の実行は，葉 a の親を見ればよい．a を含む集合名がわかる．

　union(S_i, S_j) は S_i の木と S_j の木をつぎのようにマージする．$|S_i| \geq |S_j|$ のとき，

S_j の要素をすべて S_i の木に移動する．$|S_i| < |S_j|$ のときは S_i の要素をすべての S_j の木に移動する．根だけになった木は消去する．大きくなった木の名前を S_i に，木の要素数を $|S_i| + |S_j|$ に更新する．

このように実装すると，find 命令は $O(1)$ 時間で実行できるので，m 回の find 命令は $O(m)$ 時間で実行できる．つぎに，n 回の union 命令の実行時間が $O(n \log n)$ になることを示す．a を S の要素とする．a の親が更新されるたびに a を含む木の要素数は少なくとも 2 倍になるので，a の親の更新回数は $\lfloor \log_2 n \rfloor$ 回以下である．よって，S の要素全体では $O(n \log n)$ 回の更新しか起こらず，時間計算量は $O(n \log n)$ である．

7.10 まず，$A(2, j)$ を調べる．定義より，$A(2, 1) = A(1, 2) = 2^2$．$A(2, 2) = A(1, A(2, 1)) = 2^{2^2}$．$A(2, 3) = A(1, A(2, 2)) = 2^{2^{2^2}}$．これより，

$$A(2, j) = 2^{2^{\cdot^{\cdot^{\cdot^2}}}}$$

となり，2 の肩に 2 が j 回乗った数である．

よって，$A(3, 1) = A(2, 2) = 2^{2^2} = 16$．$A(3, 2) = A(2, A(3, 1))$ より，$A(3, 2)$ は 2 の肩に 2 が 16 回乗った数である．さらに，$A(3, 3)$ は 2 の肩に 2 が $A(3, 2)$ 回乗った数である．また，$A(4, 1)$ は 2 の肩に 2 が 16 回乗った数である．

7.11 下にアルゴリズム（擬似コード）を示す．配列 p[ ] は s を根とする木（最短路木）を表している．頂点 v から $p[v]$ を繰り返したどることで，s から v への最短路が（逆順に）出力される．

```
void dijkstra()
{
    T = V - {s};
    D[s] = 0;
    for (v ∈ V - {s}) {
        D[v] = w[s][v];
        if (w[s][v] != INFTY)
            p[v] = s;
        else
            p[v] = NULL;
    }
    while (|T|>0) {
        Tの頂点でD[v]の値が最小となるものをuとする;
        T = T - {u};
        for (v ∈ T)
            if (D[v] < D[u] + w[u][v]) {
                D[v] = D[u] + w[u][v];
                p[v] = u;
            }
    }
}
```

7.12 下にアルゴリズムを示す．配列 $p[i,j]$ は頂点 v_i から頂点 v_j への最短路を逆順に表している．頂点 v_j から $p[i,j]$ を繰り返したどることで，v_i から v_j への最短路がわかる．

```
void warshall_floyd()
{
    int i, j, k;

    for (i = 1; i <= n; i++)
        for (j = 1; j <= n; j++){
            d[i][j] = w[i][j];
            if (w[i][j] != INFTY)
                p[i][j] = i;
            else
                p[i][j] = NULL;
        }
    for (k = 1; k <= n; k++)
        for (i = 1; i <= n; i++)
            for (j = 1; j <= n; j++)
                if (d[i][j] > d[i][k] + d[k][j]) {
                    d[i][j] = d[i][k] + d[k][j];
                    p[i][j] = p[k][j];
                }
}
```

7.13 [ヒント] 負の重みをもつ辺があっても，負の重みの閉路がなければ式 (7.1) が成立することを示せばよい．実際，負の閉路がないことから，頂点 v_i から頂点 v_j への最短路が途中で同じ頂点を 2 度通ることはない．よって，式 (7.1) が成立する．

なお，グラフ G に負の閉路が存在するか否かは配列 d の対角要素 $d[i,i]$ を調べればわかる．すべての対角要素 $d[i,i]$ が 0 であれば負の閉路は存在しない．負の値の対角要素があると，負の閉路が存在する．

7.14 省略

7.15 ネットワークの最大フローの値と最小カットの値が一致することを示す．カット値以上にはフローを流せないことは明らかなので，カット値が最大フローの値と一致するようなカットが存在することを示す．f を最大フローとする．定理 7.2 より f に関する残余ネットワークには増分路が存在しない．この残余ネットワークにおいて入口 s から到達可能な頂点の集合を S とすると，$s \in S$ かつ $t \in V - S$ である．S の頂点から $V - S$ の頂点への辺の集合（カット）を考える．このカットの辺はどれも，そこを流れるフローの値は辺の容量と一致している．したがって，f のフロー値はこのカット値と一致し，このカットは最小カットである．

7.16 G の任意の異なる 2 頂点が k 本以上の互いに辺を共有しない路で結ばれているとする．このとき，G は k-辺連結である．なぜなら，$k-1$ 本の辺を削除してこれらの k 本の路をすべてなくすことはできないからである．つぎに，逆を示す．G が k-辺連結であるとする．G の各辺を互いに逆向きの 2 本の有向辺で置き換えたグラフを D_G とする．D_G の各辺にコスト 1 を与える．任意の 2 頂点を選び，それらを s と t とする．s と t を分離する G の任意のカット C（辺集合）を考える．すると，C の辺は

k 本以上である．なぜなら，$k-1$ 本以下だとすると，G が k-辺連結であることに反するからである．よって，C のカット値は k 以上であり，最大フロー最小カットの定理より，D_G において s から t への最大フローは，その値が k 以上である．これは，G において s から t への k 本以上の互いに辺を共有しない路があることを意味する．

7.17 $G = (V_1, V_2, E)$ を 2 部グラフ，$M \ (\subset E)$ をマッチングとする．M の頂点を $V(M)$ と表す．

$$V_1 \cap V(M) = M_1, \quad V_1 - M_1 = U_1,$$
$$V_2 \cap V(M) = M_2, \quad V_2 - M_2 = U_2$$

とおく．$S = M_1 \cup U_1 \cup U_2$ とすると，$|S| = |V| - |M|$ である．

$$M_1' = \{m_1 \mid (m_1, u_2) \in E,\ u_2 \in U_2\},$$
$$M_2' = \{m_2 \mid (m_1, m_2) \in M,\ m_1 \in M_1'\},$$
$$S' = (S - M_1') \cup M_2'$$

とする．$|S'| = |S|$ なので，$|S'| = |V| - |M|$ である．M が最大マッチングであることより，U_1 の頂点と U_2 の頂点を結ぶ辺はない．また，U_1 の頂点と M_2' の頂点を結ぶ辺もない．もしあれば，それを (u_1, m_2) とすると，$(m_1, m_2) \in M$ なる辺と $(m_1, u_2) \in E$ なる辺も存在し，

$$(M - (m_1, m_2)) \cup \{(u_1, m_2), (m_1, u_2)\}$$

が G のマッチングとなり，M が最大マッチングであったことに反する．
よって，S' は安定集合である．S の作り方より，G の安定集合の大きさは，$|S|$ より大きくなることはない．$|S'| = |S|$ なので，S' は最大安定集合である．

7.18 演習問題 7.17 の証明を用いてアルゴリズムを構成すればよい．

●第 8 章●

8.1 n が偶数の場合は，n 個の入力に対して下のアルゴリズム（擬似コード）で MAX と MIN を求める．

```
void maxmin()
{
    Smin=∅; Smax=∅;    /* 二つの集合を空にする */

    for (i = 1; i <= n/2; i++)
        if (a[2i-1] >= a[2i])
            a[2i-1]をSmaxに, a[2i]$をSminに入れる;
        else a[2i-1]をSminに, a[2i]$をSmaxに入れる;
    Smaxの最大値MAXを見つける;
    Sminの最小値MINを見つける;
}
```

このアルゴリズムの比較回数は，つぎのようになる．

$$\frac{n}{2} + \left(\frac{n}{2} - 1\right) + \left(\frac{n}{2} - 1\right) \leq \frac{3(n-1)}{2}$$

n が奇数の場合は，$n-1$ 個の入力に対して上のアルゴリズムで MAX と MIN を求め，入力の残りの 1 個と比較する．比較回数は，つぎのようになる．

$$\frac{n-1}{2} + \left(\frac{n-1}{2} - 1\right) + \left(\frac{n-1}{2} - 1\right) + 2 = \frac{3(n-1)}{2}$$

8.2 省略

8.3 $n = 2^k$ として

$$T(n) = \begin{cases} 8T\left(\dfrac{n}{2}\right) + c_1 n^2 & (n \geq 2) \\ c_2 & (n = 1) \end{cases}$$

を解く．

$$\begin{aligned}
T(n) &= 8T\left(\frac{n}{2}\right) + c_1 n^2 \\
&= 8\left(8T\left(\frac{n}{4}\right) + c_1 \left(\frac{n}{2}\right)^2\right) + c_1 n^2 \\
&\vdots \\
&= 8^k T(1) + 2^k c_1 n^2 = n^{\log_2 8} c_2 + c_1 n^3 = O(n^3)
\end{aligned}$$

8.4 $n = 2^k$ として

$$T(n) = \begin{cases} 7T\left(\dfrac{n}{2}\right) + 18\left(\dfrac{n}{2}\right)^2 & (n \geq 2) \\ 1 & (n = 1) \end{cases}$$

を解く．$T(2n) = 7T(n) + 18n^2$ なので，$T(2n) - 4T(n) = 7(T(n) - 4T(n/2))$ となる．$T(n) - 4T(n/2) = A(n)$ とおくと，

$$A(n) = \begin{cases} 7A\left(\dfrac{n}{2}\right) & (n > 2) \\ 21 & (n = 2) \end{cases}$$

となる．これを解いて，$A(n) = 3 \cdot 7^{\log_2 n} = 3n^{\log_2 7}$ を得る．
さらに，$T(n) - 4T(n/2) = 3n^{\log_2 7}$ を解くと，

$$T(n) = 4^{\log_2 n} T(1) + 3\left(n^{\log_2 7} + \left(\frac{n}{2}\right)^{\log_2 7} + \cdots + 1^{\log_2 7}\right)$$

$$\leq n^2 T(1) + 3\left(n + \frac{n}{2} + \frac{n}{4} + \cdots + 1\right)^{\log_2 7}$$

$$\leq n^2 + 6 n^{\log_2 7} = O(n^{\log_2 7}) = O(n^{2.81})$$

つぎに，一般的な漸化式を解く．簡単のために $n = a^j$ $(j = 0, 1, 2, \ldots)$ とする．

$$T(n) = bT\left(\frac{n}{a}\right) + dn^k$$

$$= b\left(bT\left(\frac{n}{a^2}\right) + d\left(\frac{n}{a}\right)^k\right) + dn^k$$

$$= bb\left(bT\left(\frac{n}{a^3}\right) + d\left(\frac{n}{a^2}\right)^k\right) + bd\left(\frac{n}{a}\right)^k + dn^k$$

$$\vdots$$

$$= \overbrace{bb\cdots b}^{\log_a n} T(1) + dn^k \sum_{i=0}^{\log_a n - 1} \left(\frac{b}{a^k}\right)^i$$

$$= cn^{\log_a b} + dn^k \sum_{i=0}^{\log_a n - 1} \left(\frac{b}{a^k}\right)^i$$

上の式で第1項と第2項の大きさを比較する．まず，$k = \log_a b$ の場合を調べる．このとき，$a^k = b$ なので，

$$T(n) = cn^k + dn^k \sum_{i=0}^{\log_a n - 1} \left(\frac{b}{a^k}\right)^i$$

$$= cn^k + dn^k \sum_{i=0}^{\log_a n - 1} 1^i$$

$$= cn^k + dn^k \log_a n$$

$$= O(n^k \log_a n)$$

つぎに，$k > \log_a b$ とする．このとき，$a^k > b$ なので，

$$T(n) = cn^{\log_a b} + dn^k \sum_{i=0}^{\log_a n - 1} \left(\frac{b}{a^k}\right)^i$$

$$= cn^{\log_a b} + dn^k \cdot \text{const.}$$

$$= O(n^k)$$

最後に，$k < \log_a b$ とする．このとき，$a^k < b$ なので，

$$T(n) = cn^{\log_a b} + dn^k \sum_{i=0}^{\log_a n - 1} \left(\frac{b}{a^k}\right)^i$$

$$= cn^{\log_a b} + dn^k \frac{1 - (b/a^k)^{\log_a n}}{1 - b/a^k}$$

$$= O(n^{\log_a b})$$

8.5 $f_n \geq \phi^{n-1}$ $(n \geq 0)$ であることを n に関する数学的帰納法で示す．$n=0$ と $n=1$ の場合，$f_0 = f_1 = 1$，$\phi^{-1} < 1$，$\phi^0 = 1$ で確かに成り立つ．n と $n+1$ については上の不等式が成り立つと仮定して，$n+2$ の場合を示す．

$$f_{n+2} = f_{n+1} + f_n$$
$$\geq \phi^n + \phi^{n-1} = \phi^{n-1}(\phi + 1) = \phi^{n-1}\phi^2 = \phi^{n+1}$$

8.6
```
int fib(int n)
{
    if (n > 2)
        return(fib(n-1) + fib(n-2));
    else
        return(1);
}
```

関数 `fib` の実行時間 $T(n)$ が指数関数的であることを示す．関数 `fib` の中で `fib` を 2 回呼び出しているので次式が成立する．

$$T(n) = T(n-1) + T(n-2) + O(1)$$

f_n の定義との類似性に注意すれば，$T(n) \geq f_n$ であることがわかる．よって，演習問題 8.5 より，$T(n) \geq \phi^{n-1}$ を得る．

8.7
```
void fib(int n)
{
    f[0] = 1;
    f[1] = 1;
    for (i = 2; i <= n; i++)
        f[i] = f[i-1] + f[i-2];
}
```

このアルゴリズムでは `f[i]` の計算を行うのに，それまでに求めておいた `f[i-1]` と `f[i-2]` を用いている．これは一種の動的計画法である．

8.8 与えられた式を繰り返すと

$$\begin{pmatrix} f_n \\ f_{n+1} \end{pmatrix} = \begin{pmatrix} 0 & 1 \\ 1 & 1 \end{pmatrix} \begin{pmatrix} f_{n-1} \\ f_n \end{pmatrix}$$

$$= \begin{pmatrix} 0 & 1 \\ 1 & 1 \end{pmatrix}^2 \begin{pmatrix} f_{n-2} \\ f_{n-1} \end{pmatrix}$$

$$\vdots$$

$$= \begin{pmatrix} 0 & 1 \\ 1 & 1 \end{pmatrix}^n \begin{pmatrix} f_0 \\ f_1 \end{pmatrix}$$

よって，

$$\begin{pmatrix} 0 & 1 \\ 1 & 1 \end{pmatrix}^n$$

が計算できればよい．これには，x^n の計算をするアルゴリズム（演習問題 1.3）が使える．よって，n が与えられたとき，f_n は $O(\log n)$ 時間で計算できる．

8.9 省略

8.10 $c(n) \geq {}_{2n-2}\mathrm{C}_{n-1}/n$

$$= \left(\frac{(2n-2)(2n-3)\cdots(2n-n)}{(n-1)(n-2)\cdots 1} \right) \Big/ n$$

$$= \left(\frac{2n-2}{n-1} \cdot \frac{2n-3}{n-2} \cdot \cdots \cdot \frac{n+1}{2} \cdot \frac{n}{1} \right) \Big/ n$$

$$\geq 2^{n-2} \quad (n \geq 2)$$

8.11 コード 8.1 のアルゴリズムの m_{ij} を計算する式で，右辺で最小値を与えた k を記憶する．これを k_{ij} と表記する．つまり，m_{ij} の表の各エントリーには m_{ij} に加えて k_{ij} も記録する．表の計算が終了したら，つぎの手続きで計算順序を出力する．

```
void Postprocess(int i, int j)
{
    if (i < j) {
        printf("%d ", k[i][j]);
        Postprocess(i, k[i][j] - 1);
        Postprocess(k[i][j] + 1, j);
    }
}
```

この手続きは `Postprocess(1,n)` から開始する．出力の順番を逆にしたものが演算順序を示している．

8.12 つぎの関数 $f(i,j)$ を考える．

$$f(i,j) = \begin{cases} 1 & (a_1, a_2, \ldots, a_i \text{ の中から適当に何個か選んで} \\ & \text{総和がちょうど } j \text{ にできるとき)} \\ 0 & (\text{できないとき)} \end{cases}$$

問題は $f(n,b)$ を計算すればよいことになる．ここで，次式が成立する．

$$f(1,j) = \begin{cases} 1 & (j=0 \text{ または } j=a_1 \text{ のとき)} \\ 0 & (\text{それ以外)} \end{cases}$$

$$f(i,j) = f(i-1,j) + f(i-1, j-a_i)$$

ただし，右辺の + は $0+0=0$, $0+1=1+0=1$, $1+1=1$ と計算されるとする．この式を用いて動的計画法のアルゴリズムはつぎのようになる．

```
void subsetsum()
{
    for (j = 0; j <= b; j++)
        if (j == 0 || j == a[1])
            f[1][j] = 1;
        else
            f[1][j] = 0;
    for (i = 2; i <= n; i++)
        for (j = 0; j <= b; j++)
            f[i][j] = f[i-1][j] || f[i-1][j-a[i]];
}
```

8.13 入力の b は $\log b$ ビットで表せる．したがって，このアルゴリズムの計算量 $O(nb)$ は入力のサイズ（ビット長）に対して指数関数的である．

8.14, 8.15 省略

8.16 例 8.5 のアルゴリズムで得られるスパニング木を T とし，T が最小スパニング木であることを示す．T_o を G の最小スパニング木とする．T と T_o が一致していれば，T は確かに最小スパニング木である．よって，T と T_o は一致しないとする．すると，T の辺で T_o に含まれない辺 e が存在する．T_o に e を加えてできる閉路を $C = \{e, e_1, e_2, \ldots, e_k\}$ とする．閉路 C に含まれる辺 e_i はどれも $w(e) \geq w(e_i)$ である．もし，$w(e) < w(e_i)$ なる辺 e_i が C にあると，T_o から e_i を削除し，e を加えてできるスパニング木のほうがコストが小さくなり，T_o が最小スパニング木であることに反するからである．

一方，T が閉路を含まないので，C の辺には T に含まれない辺 e_i が少なくとも 1 本存在する．T は局所探索で見つかった（局所最適な）木であるので，この e_i と e を交換しても T のコストは下がらない．つまり，$w(e) \leq w(e_i)$ である．

したがって，$w(e) = w(e_i)$ でなければならない．T_o と $T_o \cup \{e\} - \{e_i\}$ の辺の重みの総和は同じである．$T_o \cup \{e\} - \{e_i\}$ を新たに T_o と置き直して上の議論を繰り返せば，最終的には T_o と T の辺の重みの総和が一致し，T は最小スパニング木であることがわかる．

8.17 省略

参考文献

[1] A. V. Aho, J. E. Hopcroft and J. D. Ullman: The Design and Analysis of Computer Algorithms, Addison-Wesley, 1974.（邦訳：野崎昭弘，野下浩平ほか：アルゴリズムの設計と解析 I，II．サイエンス社，1977）

[2] A. V. Aho, J. E. Hopcroft and J. D. Ullman: Data Structures and Algorithms, Addison-Wesley, 1983.（邦訳：大野義夫：データ構造とアルゴリズム，培風館，1987）

[3] 浅野哲夫：データ構造，近代科学社，1992．

[4] 浅野孝夫，今井浩：計算とアルゴリズム，オーム社，2000．

[5] Sara Baase: Computer Algorithms, 2nd ed., 1988.（邦訳：岩野和生・加藤直樹・永持仁：アルゴリズム入門―設計と解析，アジソン・ウェスレイ・パブリッシャーズ・ジャパン，1998）

[6] T. H. Cormen, C. E. Leiserson, R. L. Rivest and C. Stein: Introduction to Algorithms, 2nd ed., The MIT Press, 2001.（邦訳：浅野哲夫，岩野和生，梅尾博司，山下雅史，和田幸一：アルゴリズムイントロダクション第1巻，第2巻，第3巻，近代科学社，2007）

[7] S. Even: Graph Algorithms, Computer Science Press, 1979.

[8] M. R. Garey and D. S. Johnson: Computers and Intractability: A Guide to the Theory of NP-Completeness, W. H. Freeman and Company, 1979.

[9] E. Horowitz and S. Sahni: Fundamentals of Computer Algorithms, Computer Science Press, 1978.

[10] 茨木俊秀：C によるアルゴリズムとデータ構造，昭晃堂，1999．（再発行版：オーム社，2014．）

[11] 五十嵐善英，西谷泰昭：アルゴリズムの基礎，コロナ社，1997．

[12] 伊理正夫，白川功，梶谷洋司，篠田庄司ほか：演習グラフ理論―基礎と応用―，コロナ社，1983．

[13] 岩間一雄：アルゴリズム理論入門，昭晃堂，2001．（新版：朝倉書店，2014．）

[14] D. E. Knuth: The Art of Computer Programming Vol. 1: Fundamental Algorithms, 3rd ed., Addison-Wesley, 1997.（邦訳 I：（第一分冊）広瀬健：基本算法／基礎概念，（第二分冊）米田信夫，筧捷彦：基本算法／情報構造，サイエンス社，1978）（邦訳 II：有澤誠，和田英一監訳，アスキー，2004）

[15] D. E. Knuth: The Art of Computer Programming Vol. 3: Sorting and Searching, 2nd ed., Addison-Wesley, 1998.（邦訳：有澤誠，和田英一監訳，アスキー，2006）

[16] D. C. Kozen: The Design and Analysis of Algorithms, Springer-Verlag, 1992.
[17] K. Mehlhorn: Date Structures and Algorithms 1: Sorting and Searching, Springer-Verlag, 1984.
[18] K. Mehlhorn: Date Structures and Algorithms 2: Graph Algorithms and NP-Completeness, Springer-Verlag, 1984.
[19] 野崎昭弘：アルゴリズムと計算量（計算機科学／ソフトウェア技術講座5），共立出版，1987.
[20] R. Sedgewick: Algorithms, 2nd ed., Addison-Wesley, 1988.（邦訳：野下浩平，星守，佐藤創，田口東：アルゴリズム　第1巻，第2巻，第3巻，近代科学社，1996）
[21] 杉原厚吉：データ構造とアルゴリズム，共立出版，2001.
[22] 譚学厚，平田富夫：計算幾何学入門，森北出版，2001.
[23] R. E. Tarjan: Date Structures and Network Algorithms, *SIAM*, 1983.（邦訳：岩野和生：データ構造とネットワークアルゴリズム，マグロウヒル，1989）
[24] 渡邉敏正：データ構造と基本アルゴリズム，共立出版，2000.
[25] N. Wirth: Algorithms & Data Structures, Prentice-Hall, 1986.（邦訳：浦昭二，國府方久史：アルゴリズムとデータ構造，近代科学社，1990）

ストリングマッチングに関する参考文献

[26] A. V. Aho and M. J. Corasick: Efficient string matching: An aid to bibliographic search, *Communications of the ACM*, No. 6, Vol. 18, pp. 333–340 (1975).
[27] R. S. Boyer and J. S. Moore: A fast string searching algorithm, *Communications of the ACM*, No. 10, Vol. 20, pp. 762–772 (1977).
[28] D. E. Knuth, J. H. Morris Jr. and V. R. Pratt: Fast pattern matching in strings, *SIAM Journal on Computing*, No. 2, Vol. 6, pp. 323–350 (1977).

高速フーリエ変換に関する参考文献

[29] J. W. Cooley and J. W. Tukey: An algorithm for the machine calculation of complex Fourier series, *Mathematics of Computation*, No. 90, Vol. 19, pp. 297–301 (1965).
[30] 高橋秀俊："フーリエ変換よもやま話"，数学セミナー，10月，11月 (1967)，または，数理と現象，岩波書店，1975.

索　引

●英数字●
2-3 木　56
2 色木　57
2 部グラフ　131
2 分木　50
2 分探索　48
2 分探索木　50
2 連結　108
2 連結成分　108
AVL 木　56
B 木　56
FFT　93
k-辺連結　134
NP 完全問題　7, 132, 149
NP 困難　7, 141, 146
Pascal　7
RAM　2
UNION-FIND 問題　115

●あ　行●
値呼び　8
アッカーマン関数　118
後入れ先出し　19
アルゴリズム　1
安定　29
安定集合　132
位相的ソート　133
一方向リスト　17
一様コスト基準　3
遺伝的アルゴリズム　147, 148
入口　126
色の交換　58
枝刈り　143
エドモンズ・カープのアルゴリズム　130
オイラー閉路　14
黄金比　149

オーダー　4
重みつき最大マッチング問題　132
親　12

●か　行●
回転　58
外点　55
開番地法　73
外部路長　14
カタラン数　75
カット　128
カットの値　128
可能解　144
カラザノフのアルゴリズム　130
関数　7
関節点　108
完全 2 分木　22
完全グラフ　14, 146
木　12
キー　28
基数ソート　30
木の辺　109
逆辺　109
キュー　20
兄弟　12
強連結成分　112
局所最適解　145
局所探索　145
近似アルゴリズム　147
クイックソート　38
クヌース・モーリス・プラットのアルゴリズム　80
グラフ　11
グリーディ法　114, 121, 140
クルスカルのアルゴリズム　113
計算のモデル　2

決定木　46
原始 n 乗根　93
子　12
後行順　75
高速フーリエ変換　93
誤差逆伝播法　148

●さ　行●

最悪計算量　3
再帰的アルゴリズム　11
最急降下法　148
最急勾配法　148
再帰呼び出し　8
最小スパニング木　113, 140
サイズ　3
最大計算量　3
最大フロー　126
最大フロー最小カットの定理　128
最短路　120
最適 2 分探索木　66
最適化問題　140
先入れ先出し　20
サブセットサム問題　149
時間計算量　3
辞書　50
辞書式順序　29
次数　11
指数時間アルゴリズム　7
子孫　12
失敗関数　82
始点　11
シミュレーテッドアニーリング　147
終点　11
出次数　11
シュトラッセンのアルゴリズム　135
順位付きキュー　22
巡回セールスマン問題　141
衝突　73
しらみつぶし法　141
数学的帰納法　151
スタック　10, 19

ストリングマッチング　78
スパニング木　105
整合　26
接続　11
セル　15
漸近的計算量　4
線形探査　73
線形リスト　17
先行順　75
先祖　12
選択法　30
挿入法　31
増分路　127
双方向リスト　17
ソーティング　28

●た　行●

大域最適解　145
ダイクストラのアルゴリズム　120, 140
対称順　50
対数コスト基準　3
高さ　12
多項式時間アルゴリズム　7
タブー探索　147
探索木　141
探査列　73
単純　12
端点　11
チェイン法　73
中間順　75
頂点　11
ディニックのアルゴリズム　130
テキストストリング　78
デク　27
出口　126
データ構造　15
手続き　7
動的計画法　70, 125, 138
独立集合　132
トーナメント　14
貪欲算法　140

●な 行●
内 点　55
内部路長　14
長　さ　11, 120
二重回転　61
入次数　11
ニューラルネットワーク　147
根　12
根付き木　12
ネットワーク　101

●は 行●
葉　12
バケットソート　28
パターン　78
発見的アルゴリズム　147
ハッシュ関数　71
ハッシュ表　71
ハッシング　71
鳩の巣原理　151
ハノイの塔　13
幅優先の探索　106
バブルソート　32
ハミルトン閉路　14, 141
ハミルトン路　14
番地呼び　8
番 兵　26
左回転　60
ビット反転順　97
ヒープ　22
ヒープ条件　22
ヒープソート　43
フィボナッチ数列　148
フィボナッチヒープ　119
フォード・ファルカーソンのアルゴリズム
　　126
深 さ　12
深さ優先のスパニング木　105
深さ優先の探索　103
プッシュ　19
部分木　12

部分グラフ　11
プリムのアルゴリズム　119
フリーリスト　16
フロー　125
分割統治法　38, 135
分枝限定法　141
平均計算量　4
平衡2分木　56
平衡2分探索木　56
平面グラフ　122
閉 路　12
辺　11
ボイヤー・ムーアのアルゴリズム　84
ポインタ型　16
母関数　75
ポップ　19
ホーナーの方法　1

●ま 行●
マージ　34
マージソート　35
マッチング　131
右回転　59
路　11
路の圧縮　117
無向グラフ　11
メタヒューリスティックス　147
メンガー　134
文字型　16
森　105

●や 行●
有向グラフ　11
有向閉路　12
有向路　12
ユークリッドの互除法　9
容 量　125

●ら 行●
離散フーリエ逆変換　99
離散フーリエ変換　94

リスト　15
流　量　126
領域計算量　3
隣　接　11
隣接行列　101
隣接リスト　101

連　結　12
連結グラフ　105, 108
連結成分　107

●わ 行●
ワーシャル・フロイドのアルゴリズム　123

著者略歴

平田　富夫（ひらた・とみお）
1976 年　東北大学工学部通信工学科卒業
1981 年　東北大学大学院博士課程修了（工学博士）
1981 年　豊橋技術科学大学助手
1986 年　名古屋大学工学部情報工学科講師
1993 年　名古屋大学工学部電子工学科教授
2003 年　名古屋大学大学院情報科学研究科教授
2015 年　名古屋大学名誉教授
　　　　 現在に至る

編集担当　丸山隆一・村瀬健太（森北出版）
編集責任　石田昇司（森北出版）
組　　版　ブレイン
印　　刷　丸井工文社
製　　本　同

アルゴリズムとデータ構造（第 3 版）　　Ⓒ 平田富夫　2016

1990 年　 1 月 20 日　第 1 版第 1 刷発行　　【本書の無断転載を禁ず】
2001 年 12 月 20 日　第 1 版第 12 刷発行
2002 年　 9 月 25 日　改訂 C 言語版第 1 刷発行
2014 年 12 月 10 日　改訂 C 言語版第 10 刷発行
2016 年 10 月　 3 日　第 3 版第 1 刷発行
2024 年　 2 月 10 日　第 3 版第 6 刷発行

著　者　平田富夫
発行者　森北博巳
発行所　森北出版株式会社
　　　　東京都千代田区富士見 1-4-11（〒102-0071）
　　　　電話 03-3265-8341／FAX 03-3264-8709
　　　　https://www.morikita.co.jp/
　　　　日本書籍出版協会・自然科学書協会　会員
　　　　JCOPY　<（一社）出版者著作権管理機構　委託出版物>

落丁・乱丁本はお取替えいたします．

Printed in Japan／ISBN978-4-627-72653-6

MEMO

MEMO

MEMO

MEMO